FREMDSPRACHENTEXTE · FRANZÖSISCH

Grammatisches Lernlexikon Französisch

Grundlagenwissen alphabetisch mit Beispielen und Kurztests

Von Heinz-Otto Hohmann

Philipp Reclam jun. Stuttgart

Für wertvolle Hinweise und Anregungen dankt der Verfasser:

Joëlle Gallay-Paulsen
Institutrice
Louannec, Côtes-d'Armor
Frankreich

Mireille Grafe
Dozentin am Institut für Romanische Philologie
und am Sprachenzentrum der Philipps-Universität Marburg

Jenny Stilgebauer
Studienrätin am Gymnasium Lahntalschule
in Biedenkopf (Hessen)

RECLAMS UNIVERSAL-BIBLIOTHEK Nr. 19743

Umschlaggraphik: Eva Knoll, Stuttgart
Gesamtherstellung: Reclam, Ditzingen. Printed in Germany 2011

ISBN 978-3-15-019743-1

www.reclam.de

Inhalt

Erläuterungen 5
Warum ein »Grammatisches Lernlexikon Französisch«? – Strukturierung der Informationseinheiten – Übersicht über das Verbsystem – Lernen, Reaktivieren, Testen

Abkürzungen 11

Lernlexikon A–Z 13

Anhang I

Übersicht über das Verbsystem 113

1. Ableitungsmodelle der Zeiten bei den regelmäßigen und reflexiven Verben, jeweils mit »Ableitungsformel 7« und sprachlichen Erläuterungen . . 115
2. Übersicht über die Zeiten mit jeweils allen Formen des Beispielverbs sowie der Hilfsverben »avoir« und »être« / Zeitenkurzübersichten: reflexives Verb und Passiv / Übersicht über die Formen des »passé simple« 124
3. Die wichtigsten unregelmäßigen Verben alphabetisch, jeweils als »Ableitungsformel 7« 139

Anhang II

Übersetzungskurztests 143

Anhang III

Lösungen zu den Übersetzungskurztests 171

Erläuterungen

Warum ein »Grammatisches Lernlexikon Französisch«?

Es gehört zu den natürlichen Begleiterscheinungen des Umgangs mit Fremdsprachen, dass grundlegende sprachliche Erscheinungen und Zusammenhänge nach einiger Zeit in Vergessenheit geraten können. Wenn man dann nicht rasch für Klärung sorgt, entsteht aus solchen sich leicht ausweitenden Wissenslücken möglicherweise bald eine allgemeine sprachliche Unsicherheit, die zum Nachlassen der Lernmotivation führen kann. Viele Informationssuchende scheuen den Griff zur Grammatik, die in der Regel die Antworten bereithält, weil sie diesen Weg als zu aufwendig oder schwierig empfinden; beim Versuch einer Auffrischung von Zusammenhängen aus dem Grundlagenbereich mit Hilfe einer Grammatik kommt außerdem das Problem hinzu, dass das kommunikativ wirklich Wesentliche nicht ohne weiteres von weniger Wichtigem zu unterscheiden ist.

Hier bietet das *Grammatische Lernlexikon Französisch* durch seine alphabetische Anordnung und seine Beschränkung auf das grammatische Grundlagenwissen die Möglichkeit, gesuchte Informationen rasch zu finden, größere Zusammenhänge oder Teilbereiche selbständig zu reaktivieren und sich mit Kurztests zu vergewissern, ob man den entsprechenden grammatischen Überblick wiedererlangt hat. Die so leicht wie möglich gehaltenen Erklärungen sowie das Beispielmaterial mit deutschen Übersetzungen, dazu ein Überblick über das gesamte französische Verbsystem mit »Ableitungsmodellen« und »Ableitungsformeln 7« tragen zur vielseitigen Verwendbarkeit des *Grammatischen Lernlexikons Französisch* bei.

Auch Französisch Unterrichtende stehen immer wieder vor der Notwendigkeit, Grundlagenkenntnisse ohne großen Zeit- und Vorbereitungsaufwand in ihren Lerngruppen zu reaktivieren. Dabei kann ihnen dieses kleine Arbeitsmittel mit seinen grammatischen Resümees, seinen einfachen französisch-deutschen Beispielen und seinen Übersetzungskurztests viel Arbeit abnehmen.

Strukturierung der Informationseinheiten

Die auf die Stichworte folgenden Informationseinheiten sind in der Regel in mehrere Abschnitte gegliedert. Am Anfang steht ein »Schlüsselsatz« mit deutscher Übersetzung, der die behandelte sprachliche Erscheinung ganz oder teilweise verdeutlicht und auch als Memorierungshilfe eingeprägt werden kann. Einzelne Teilbereiche sind zur besseren Überschaubarkeit durch • am Zeilenanfang voneinander abgesetzt. Grammatische Erklärungen und Hinweise werden durch umfangreiches Beispielmaterial mit deutschen Übersetzungen in Klammern ergänzt. Vielen deutschen Entsprechungen sind wörtliche Übersetzungen hinzugefügt worden. Sie sollen unterschiedliche sprachliche Sicht- und Formulierungsweisen bewusstmachen und schaffen dadurch eine wesentliche Voraussetzung für die selbstständige Übertragung der entsprechenden französischen Strukturen auf andere Zusammenhänge. Bei vielen Stichwortartikeln schließt der Hinweis auf einen Übersetzungskurztest in Anhang II die grammatischen Informationen ab. – Kürzere Informationseinheiten, beispielsweise solche, die im Wesentlichen auf andere Lexikoneinträge oder den Anhang I (Übersicht über das Verbsystem) verweisen, folgen nicht dieser Gliederung. Die Erklärungen wurden in Hinblick auf eine optimale Verständlichkeit so einfach wie möglich gehalten, wobei nur unvermeidbare grammatische Begriffe, wenn möglich immer mit deutschen Entsprechungen oder Umschreibungen in Klammern, verwendet und durch Beispiele verdeutlicht wurden.

Beim Nachschlagen von gesuchten Informationen kann man sich sowohl an der alphabetischen Abfolge als auch an den Kopfzeilen orientieren.

Da sich das *Grammatische Lernlexikon Französisch* bei der Auswahl der behandelten Bereiche und dem ihnen zugeordneten Informationsumfang auf die kommunikativ besonders wichtigen Strukturen und Ausdrucksmittel beschränkt, muss man zur Klärung von darüber hinausgehenden Detailfragen auf eine größere Grammatik zurückgreifen.

Übersicht über das Verbsystem

Eines der sprachlichen Hauptprobleme für viele Lernende und Liebhaber des Französischen ist der fehlende oder nur fragmentarische Überblick über das differenzierte französische Verbsystem. Da das Verb eine zentrale Rolle in jedem Satz spielt, wirkt sich eine Unsicherheit in diesem sprachlichen Kernbereich gravierend auf die gesamte Sprachkompetenz aus. Deshalb ist die »Übersicht über das Verbsystem« in Anhang I als Wegweiser durch den oft als Labyrinth empfundenen Formenreichtum angelegt.

In Abschnitt 1. (1.1 bis 1.4) des Anhangs I werden daher zunächst einmal die Präsensformen (Gegenwartsformen) der verschiedenen Verbklassen mit deutschen Übersetzungen in der Form von Ableitungsmodellen aufgeführt und daran gezeigt, von welchen dieser Formen die verschiedenen Zeiten der Verben sowie Impératif, Gérondif und Subjonctif abgeleitet werden. »Ableitungsformeln 7« fassen die jeweils entscheidenden Ableitungsformen handlich lernbar zusammen. Von den Ableitungsmodellen aus wird auf den Abschnitt 1.5 verwiesen, in dem die für den Gebrauch der verschiedenen Zeiten und Sprachformen grundlegenden Regeln knapp zusammengefasst und mit Beispielen verdeutlicht werden. Informationen zu einzelnen Zeiten sind auch im Lexikon zu finden.

Der Abschnitt 2. (2.1 bis 2.7) enthält exemplarische Übersichten über die Verbformen in allen Zeiten (Vollverb, »avoir«, »être«, reflexive Verben, Passiv, passé simple) mit jeweils deutscher Übersetzung der 1. Person Singular (Einzahl: je …) und ermöglicht so leicht zugängliche Detailinformationen und die Reaktivierung von Zusammenhängen bei verbformbezogenen Unklarheiten.

In Abschnitt 3. des Anhangs I sind 30 besonders wichtige unregelmäßige Verben in der Form von »Ableitungsformeln 7« alphabetisch aufgeführt, die das Grundlagenwissen im Bereich des französischen Verbsystems abrunden. Ihre Gegenwartsformen sind außerdem im Lexikon unter dem jeweiligen Infinitiv (Grundform) angegeben. Die »Übersicht über das Verbsystem« kann freilich nicht alle Besonderheiten des französischen Verbs erfassen. Für darüber hinausgehende Detailinformationen muss man daher Grammatiken oder Wörterbücher konsultieren.

Lernen, Reaktivieren, Testen

Das *Grammatische Lernlexikon Französisch* bietet neben der Möglichkeit einer raschen Information über grammatische Einzelerscheinungen und Zusammenhänge auch die Möglichkeit zum Lernen, Reaktivieren und Testen von sprachlichem Grundlagenwissen. So können Selbstlerner, zwanglos blätternd oder gezielt, einzelne Informationseinheiten, gegebenenfalls abschnittweise, konzentriert durchlesen und dabei versuchen, sich den am Anfang stehenden Schlüsselsatz und die entsprechenden Grundregeln einzuprägen. Ein mündliches Resümee des Eingeprägten, möglichst halblaut vor sich hin gesprochen, ein nochmaliges Überfliegen des Gelesenen und eine zweite mündliche Zusammenfassung zur Selbstkontrolle und Festigung kann die reaktivierungsbedürftigen Regeln und Strukturen wieder vergegenwärtigen. Wenn ein Übersetzungskurztest in Anhang II beigefügt ist, sollte dieser, möglichst schriftlich, durchgeführt und zum Abschluss der Selbstlerneinheit anhand der Lösungen in Anhang III auf seine Richtigkeit überprüft werden.

Da es bei den Kurztests im Wesentlichen um eine bestimmte grammatische Erscheinung geht, deren Beherrschung überprüft werden soll, sind Übersetzungshilfen aus anderen sprachlichen Bereichen hinzugefügt worden.

Bei der Verwendung des kleinen grammatischen Lexikons im Französischunterricht kann man bestimmte Informationseinheiten zu reaktivierungsbedürftigen Einzelbereichen zur häuslichen Aneignung aufgeben oder im Unterricht in Stillarbeit durcharbeiten lassen. Die so wieder aufgefrischten Kenntnisse können dann zur Festigung nochmals in Partnerarbeit oder lehrergesteuert in Frage und Antwort durchgegangen werden. Der in den meisten Fällen hinzugefügte Übersetzungskurztest in

Anhang II mit der Möglichkeit zur Eigenkorrektur durch die entsprechenden Lösungen in Anhang III sollte sich anschließen. Eine kurze mündliche Wiederholung der (erneut) angeeigneten Grundfakten in der Folgestunde, die der Speicherung des Gelernten im Langzeitgedächtnis zugutekommt, kann den Lernerfolg noch beträchtlich steigern.

Abkürzungen

A I	Anhang I
A II	Anhang II
A III	Anhang III
jd.	jemand
jdm.	jemandem
jdn.	jemanden
jds.	jemandes
KT	Kurztest
KT 1/L, KT 2/L usw.	Kurztest 1/Lösungen usw.
qc	quelque chose
qn	quelqu'un
subj.	subjonctif
vgl.	vergleiche / vergleichen Sie
wörtl.	wörtlich
z. B.	zum Beispiel

Als Verweiszeichen dient der Pfeil ▸.

Lernlexikon A–Z

»Tatsache ist: Grammatik ist Sprache. Die Kommunikation bricht am häufigsten dann zusammen, wenn fehlerhafter Satzbau und Sprachgebrauch die Sprache unverständlich machen.« (Louis G. Alexander)

A

à

Je pense souvent à mes vacances à Bordeaux. (Ich denke oft an meine Ferien in Bordeaux.)

- Bedeutung und Gebrauch der Präposition à hängen vom jeweiligen Zusammenhang ab und entsprechen somit verschiedenen deutschen Präpositionen, z. B. vor Städtenamen in und nach: Il est à Paris. (Er ist in Paris.) Elle est allée à Paris. (Sie ist nach Paris gefahren.)
- Mit vielen Wörtern geht à feste oder wechselnde Verbindungen ein: chercher à faire qc (versuchen / sich bemühen, etwas zu tun), venir à vélo / à bicyclette (mit dem Fahrrad kommen), à trois, quatre, … heures, (um drei, vier, … Uhr), à l'heure (pünktlich), à temps (rechtzeitig).
- à dient auch zur Kennzeichnung des indirekten Objekts (Wem?): Ce portable est à Marcel / à la sœur de Marcel / au frère de Marcel / aux parents de Marcel. (Dieses Handy gehört Marcel / der Schwester von Marcel / dem Bruder von Marcel / den Eltern von Marcel.) à vor le wird zu au, à vor les zu aux zusammengezogen. – Vgl. **Objekt** / indirektes Objekt

Kurztest ▸ A II, KT 1

Adjektiv (Eigenschaftswort)

Ta petite voisine est très gentille. (Deine kleine Nachbarin ist sehr nett.)

- Funktion: Zur näheren Beschreibung von Nomen (Hauptwörtern) verwendet man Adjektive: une femme intelligente (eine intelligente Frau; Was für eine Frau? – eine intelligente Frau). Das Adjektiv braucht nicht immer direkt neben dem Nomen zu stehen: Cette femme est vraiment très intelligente. (Diese Frau ist wirklich sehr intelligent.)

- Formen: Das Adjektiv hat in der Regel eine männliche und eine weibliche Form. Die weibliche wird meist durch Anhängen von -e an die männliche Form gebildet. In der Mehrzahl bekommen beide Formen normalerweise ein -s: Mon petit frère / ma petite sœur (mein kleiner Bruder / meine kleine Schwester), mes petits frères / mes petites sœurs (meine kleinen Brüder / meine kleinen Schwestern). Adjektive, die in der männlichen Form bereits auf ein -e enden, bilden keine besondere weibliche Form, z. B.: aimable (freundlich), jeune (jung), triste (traurig).
- Sonderformen: Viele Adjektive haben von der Grundregel abweichende weibliche Formen, z. B. die auf -f oder -eux endenden: neuf/neuve (neu), heureux/heureuse (glücklich), oder andere wie: bon/bonne (gut), gros/grosse (dick), blanc/blanche (weiß), gentil/gentille (nett), public/publique (öffentlich).
  - Bei der Mehrzahlbildung bleiben Adjektive auf -s oder -x unverändert, die auf -eau bilden die Mehrzahl auf -x: de(s) gros nuages (dicke Wolken), des enfants heureux (glückliche Kinder), de(s) beaux voyages (schöne Reisen).
  - beau und vieux haben in der Einzahl eine zweite männliche Form, die nur dann gebraucht wird, wenn das nachfolgende männliche Wort mit einem Vokal (Selbstlaut) oder einem stummen h- beginnt: un beau paysage / aber: un bel homme (eine schöne Landschaft / ein schöner Mann), un vieux livre / aber: un vieil arbre (ein altes Buch / ein alter Baum). Die dazugehörigen weiblichen Formen lauten belle (schön) und vieille (alt).

- Stellung: Kurze Adjektive wie grand, petit, beau, bon, vieux, joli stehen meist vor dem Beziehungswort: une bonne nouvelle (eine gute Nachricht), une jolie fille (ein hübsches Mädchen). Nach dem Beziehungswort stehen unter anderem Adjektive, die Farben oder Nationalität bezeichnen sowie im Allgemeinen mehrsilbige Adjektive: un drapeau blanc (eine weiße Fahne), la musique française (die französische Musik), un temps magnifique (ein herrliches Wetter)

Kurztest ▸ A II, KT 2

Adverb (hier: handlungsbeschreibendes Wort)

Beaucoup d'automobilistes ne conduisent pas assez prudemment. (Viele Autofahrer fahren nicht vorsichtig genug.)

- Funktion: Die nähere Beschreibung von Handlungen/Verben erfolgt mit Adverbien: Simone travaille rapidement. (Simone arbeitet schnell.) (Wie arbeitet Simone? – Schnell.)
- Bildung: Adverbien werden in der Regel gebildet, indem man die Endsilbe -ment an die weibliche Form des Adjektivs anfügt, z. B.: lent/lente (langsam, Adjektiv): Anne parle lentement (Anne spricht langsam, Adverb). Wenn es von einem Adjektiv in der Einzahl nur eine Form auf -e gibt, wird die Endsilbe -ment ganz normal an diese Form angefügt, z. B.: rapide – rapidement: Daniel travaille rapidement. (Daniel arbeitet schnell.)
- Sonderformen: Adjektive, die auf -ant enden, bilden das Adverb in der Regel auf -amment, z. B.: courant (fließend) – couramment: Richard parle (le) français couramment (Richard spricht fließend Französisch); ebenso verhält es sich bei Adjektiven auf -ent, z. B.:

négligent (nachlässig): Les ouvriers ont travaillé négligemment. (Die Arbeiter haben nachlässig gearbeitet.) Dabei wird das erste -e von -emment wie /a/ ausgesprochen.

– Auch andere Adjektive haben besondere Formen für die dazugehörigen Adverbien, so beispielsweise: bon/bonne: bien (gut), mauvais/mauvaise: mal (schlecht), rapide: vite (neben rapidement) (schnell), gentil/gentille: gentiment (nett), poli/polie: poliment (höflich), précis/précise: précisément (genau), énorme: énormément (enorm, gewaltig).
  Mon arrière-grand-mère entend assez mal, mais à part cela (ça) elle se débrouille encore bien. (Meine Urgroßmutter hört ziemlich schlecht, aber sonst kommt sie noch gut zurecht [wörtl.: aber sonst schlägt sie sich noch gut durch (se debrouiller)].)

• Beachten: Nach manchen Verben stehen bestimmte Adjektive (Eigenschaftswörter), die nicht verändert werden, anstelle von Adverbien: coûter cher (teuer sein) – deviner juste (richtig raten) – parler bas/haut (leise/laut sprechen) – refuser net (glatt ablehnen) – sentir bon/mauvais (gut/schlecht riechen) – travailler dur (hart arbeiten).

Kurztest ▸ A II, KT 3

aider qn (jdm. [wörtl.: jdn.] helfen)

Tout le monde a aidé les réfugiés. (Jeder hat [Alle haben] den Flüchtlingen [wörtl.: die Flüchtlinge] geholfen.)

• aider qn gehört zu einer Gruppe von Verben, die mit einem direkten Objekt (Wen?), nicht, wie im Deutschen, mit einem indirekten Objekt (Wem?) verbunden werden: Tu as aidé tes amis? (Hast du deinen

Freunden [wörtl.: deine Freunde] geholfen? – Oui, je les ai aidés. (Ja, ich habe ihnen [wörtl.: sie] geholfen.)

- Weitere Verben, die zu dieser Gruppe gehören: assister qn (jdm. helfen/beistehen), contredire qn (jdm. widersprechen), croire qn (jdm. glauben), écouter qn (jdm. zuhören), remercier qn (jdm. danken), suivre qn (jdm. folgen).

Kurztest ▸ A II, KT 4

aimer faire qc (etwas gern tun; wörtl.: lieben, etwas [zu] tun)

J'aime jouer au tennis. (Ich spiele gern Tennis.)

- aimer ist ein Verb, das einen nachfolgenden Infinitiv (Grundform) direkt, also ohne eine Präposition (de oder à, deutsch: zu), anschließt: Michel aime voyager. (Michael reist gern; wörtl.: Michael liebt [zu] reisen.)
- Bei Verneinung umschließt ne … pas die Verbform von aimer: Mireille n'aime pas faire la cuisine. (Mireille kocht nicht gern.)
- aimer mieux faire qc (etwas lieber tun; wörtl.: besser lieben, etwas [zu] tun) wird genauso behandelt wie aimer: Nous aimons mieux aller au cinéma. (Wir gehen lieber ins Kino.)

Weitere Verben dieser Art und Kurztest ▸ **Infinitiv**

aller (gehen, z. B.: aller à pied / zu Fuß gehen, fahren, z. B.: aller en France / nach Frankreich fahren)

Gegenwartsformen: je vais (ich gehe, ich fahre), tu vas, il/elle va, nous allons, vous allez, ils/elles vont.

Zeiten ▸ A I, 3. – Verbendungen ▸ A I, 2.

- **s'en aller** (weggehen/fortgehen)
  Gegenwartsformen: je m'en vais (ich gehe weg/fort), tu

t'en vas, il/elle s'en va, nous nous en allons, vous vous en allez, ils/elles s'en vont.

– en bleibt immer direkt vor der Verbform, bei zusammengesetzten Verbformen vor dem Hilfsverb stehen: Je m'en suis allé(e). (Ich bin weggegangen.) Bei Verneinung steht ne vor dem Reflexivpronomen (me, te, se, usw.), das zweite Verneinungselement hinter der Verbform, bei zusammengesetzten Zeiten hinter dem Hilfsverb: Je ne m'en vais pas. (Ich gehe nicht weg.) – Elle ne s'en est pas allée. (Sie ist nicht weggegangen.)
– Imperativ (Befehlsform): va-t'en! (geh weg!) – allons-nous-en! (gehen wir weg!) – allez-vous-en! (geht weg! gehen Sie weg!)
– Die Verwendung von s'en aller wird einfacher, wenn man sich als Anwendungshilfe die wörtliche Bedeutung vorstellt (sich davonbegeben): je m'en vais (ich begebe mich davon).

Zeiten ▸ A I, 3. (aller) – Verbendungen ▸ A I, 2.

aller faire qc (etwas tun werden; wörtl.: gehen, [um] etwas [zu] tun)

Je vais faire de mon mieux. (Ich werde mein Bestes [wörtl.: von meinem Besten] tun.)

• Neben der einfachen Zukunft (z. B.: je parlerai [ich werde sprechen], vgl. Anhang I, 1. und 2.) gibt es eine aus aller + faire qc zusammengesetzte Zukunft: Qu'est-ce que vous allez faire maintenant? – Nous allons faire des achats. (Was werdet ihr / werden Sie jetzt machen? – Wir werden einkaufen / Einkäufe machen.)

Gegenwartsformen ▸ **aller**
Kurztest ▸ A II, KT 5

Après avoir fait qc, ... (Nachdem jd. etwas getan hatte, ...; wörtl.: Nach etwas getan haben, ...)

Après avoir déjeuné, nos amis sont partis vers neuf heures. (Nachdem unsere Freunde gefrühstückt hatten, sind sie gegen neun Uhr abgereist; wörtl.: Nach gefrühstückt haben, ...)

- Die elegante Satzkonstruktion après + avoir + déjeuné/attendu/dormi/... kann man verwenden, wenn der mit Nachdem beginnende Nebensatz und der ihm folgende Hauptsatz das gleiche Subjekt (Satzgegenstand, Wer?) haben: Après avoir travaillé dans le jardin, Roger a regardé la télé(vision). (Nachdem Roger im Garten gearbeitet hatte, hat er ferngesehen.) Das Subjekt in dem mit Nachdem beginnenden Nebensatz und dem nachfolgenden Hauptsatz ist das gleiche. (Wer? – Roger.)
- Bei Verben, die die zusammengesetzten Zeiten nicht mit avoir, sondern mit être bilden (z. B.: je suis allé[e], ich bin gegangen, vgl. A I, 1.5 (8)), lautet die Satzbauformel: après + être + allé(e,s,es)/arrivé(e,s,es)/entré(e,s,es)/...: Après être arrivée à Toulouse, Nicole a appelé ses parents. (Nachdem Nicole in Toulouse angekommen war, hat sie ihre Eltern angerufen.)

Kurztest ▸ A II, KT 6

auquel, à laquelle, auxquels, auxquelles

Le livre auquel je pense a pour titre »On ne sait jamais«. (Das Buch, an das ich denke, hat den Titel »Man kann nie wissen«; wörtl.: Man weiß nie. à + lequel wird zu auquel zusammengezogen.)

▸ **Relativpronomen: lequel, laquelle, lesquels, lesquelles**

aussi … que (genauso/ebenso … wie)

Maurice est aussi travailleur que son frère. (Maurice ist genauso/ebenso fleißig wie sein Bruder.)

- aussi … que wird beim Vergleich von Personen und Sachen verwendet. Dabei steht aussi vor dem Adjektiv (Eigenschaftswort) oder Adverb (hier: handlungsbeschreibendes Wort), que vor der Person oder Sache, mit der jemand/etwas verglichen wird: Danielle est aussi intelligente que sa sœur. (Danielle ist genauso intelligent wie ihre Schwester.) Guy conduit aussi prudemment que son père. (Guy fährt genauso vorsichtig [Auto] wie sein Vater.)

Andere Formen des Vergleichs ▸ **Steigerung des Adjektivs / des Adverbs**

autant que (genauso/ebenso viel [sehr] wie, so viel [sehr] wie)

Jean-Michel gagne autant que moi. (Jean-Michel verdient genauso viel wie ich.)

- autant que wird beim Vergleich von Personen und Sachen verwendet und steht ohne Verbindung mit Adjektiven (Eigenschaftswörtern) oder Adverbien (hier: handlungsbeschreibenden Wörtern) allein bei Verben: Ma voiture ne consomme pas autant que la tienne. (Mein Auto verbraucht nicht so viel wie deins.)

Andere Formen des Vergleichs ▸ **Steigerung des Adjektivs / des Adverbs**

avoir (haben)

Zeitenübersicht ▸ A I, 2.3

- Redewendungen:

avoir raison (recht haben) – avoir tort (unrecht haben) – avoir faim (Hunger haben) – avoir soif (Durst haben) – avoir peur (de qc/qn) (Angst haben [vor etwas/jdm.]) – avoir froid (frieren): J'ai froid (Ich friere / Mir ist kalt; wörtl.: Ich habe kalt) – avoir chaud (jdm. warm sein): J'ai chaud (Mir ist warm; wörtl.: Ich habe warm.) – avoir besoin de qc/qn (etwas/jdn. brauchen/benötigen).

Kurztest (zu den Redewendungen) ▸ A II, KT 7

B

beau, bel, belle (schön)

▸ **Adjektiv** (Sonderformen, Stellung)

beaucoup de (viel, viele)

Les Meunier ont beaucoup d'argent. (Die Meuniers haben viel Geld.)

- Wie bei fast allen Mengenausdrücken wird auch bei beaucoup de das nachfolgende Nomen (Hauptwort) immer mit de ohne Artikel (Geschlechtswort: le, la, les) angeschlossen: Beaucoup de Français ont des amis en Allemagne. (Viele Franzosen haben Freunde in Deutschland.) – Vgl. **Mengenausdrücke**

Bedingungsform (einfache)

▸ **conditionnel présent**

Bedingungsform (zusammengesetzte)

▸ **conditionnel passé**

Bedingungssatz

▸ **Konditionalsatz**

Befehlsform

▸ **impératif**

bien (gut)

Aurélie parle bien (l')anglais. (Aurélie spricht gut Englisch.)

- bien ist das Adverb (hier: handlungsbeschreibendes Wort) zu dem Adjektiv (Eigenschaftswort) bon/bonne (gut). – Vgl. **Adverb**

bien des / bien de la, bien du (sehr viele / sehr viel)

Bien des choses de ma part. (Viele Grüße von mir; wörtl.: Sehr viele Dinge von meiner Seite.) – Vgl. **Mengenausdrücke**

boire (trinken)

Gegenwartsformen: je bois (ich trinke), tu bois, il/elle boit, nous buvons, vous buvez, ils/elles boivent.
Zeiten ▸ A I, 3 – Verbendungen ▸ A I, 2.

C

ce (cet), cette, ces (dieser, diese)

Ce monsieur et cette dame sont mes collègues. (Dieser Herr und diese Dame sind meine Kollegen.)

- Hinweisende Wörter (Demonstrativbegleiter) dienen zur Hervorhebung von Lebewesen und Dingen und richten sich nach dem begleiteten Nomen (Hauptwort). Sie haben in der Einzahl drei Formen: ce vor männlichen Wörtern (ce portable – dieses Handy), cet vor männlichen Wörtern, die mit Vokal (Selbstlaut) oder stummem h- beginnen (cet âne – dieser Esel, cet homme – dieser Mann), cette vor weiblichen Wörtern (cette clé – dieser Schlüssel). In der Mehrzahl gibt es nur die Form ces: ces portables, ces ânes, ces hommes, ces clés.
- Die hinweisenden Wörter ce (cet), cette, ces können durch Anhängen von -ci oder -là an das nachfolgende Hauptwort ergänzt werden und dadurch das Hauptwort noch genauer bestimmen. Dabei weist -ci auf Näheres, -là auf Ferneres hin: ce verre-ci (dieses/das Glas hier), cet arbre-là (dieser/der Baum da), cette boîte-ci (diese/die Schachtel/Dose hier), cette voiture-là (dieses/das Auto da), ces journaux-ci (diese/die Zeitungen hier), ces lettres-là (diese/die Briefe da). – Vgl. **celui-ci/celui-là** usw.

Kurztest ▸ A II, KT 8

ce qui, ce que (was; wörtl.: das, was)

Dis-moi ce qui est arrivé. (Sag mir, was geschehen/passiert ist.) Fais ce que tu veux. (Mach, was du willst.)

- Wenn in einem deutschen Nebensatz, der mit was … beginnt, hinter was kein Subjekt (Satzgegenstand, Wer?) folgt, dann muss was selbst Subjekt sein und wird mit ce qui wiedergegeben: Je me demande ce qui est dans cette enveloppe. (Ich möchte [ein]mal wissen [wörtl.: Ich frage mich], was in diesem Briefumschlag ist.) Nach ce qui folgt hier kein Subjekt. Also muss ce qui selbst Subjekt sein.
  Wenn im deutschen Nebensatz, der mit was … beginnt, hinter was ein Subjekt folgt, entspricht diesem was ce que: Je ne sais pas ce que M. Bellanger compte faire. (Ich weiß nicht, was M. Bellanger vorhat; wörtl.: beabsichtigt zu tun.) M. Bellanger ist Subjekt des Nebensatzes. (Wer beabsichtigt, etwas zu tun? – M. Bellanger.)
- Das Gleiche gilt für tout ce qui, tout ce que (alles, was): Tout ce qui se trouve dans cette maison est à vendre. (Alles, was sich in diesem Haus befindet, ist zu verkaufen; Subjekt: Tout ce qui / Alles was.) Je veux savoir tout ce que M. Durieux a dit. (Ich will alles wissen, was M. Durieux gesagt hat; Subjekt: M. Durieux.)

Kurztest ▸ A II, KT 9

cédille (Häkchen unter dem c)

Il faut (le) faire comme ça. (Man muss es so [wörtl.: wie das] machen.)

- Vor den dunklen Vokalen (Selbstlauten) a, o, u wird das c wie /k/ ausgesprochen, vor den hellen Vokalen e und i wie /s/. Aussprache /k/: le coq (der Hahn), calculer (rechnen). Aussprache /s/: ceci (dies).
  Wenn das c auch vor einem dunklen Vokal wie /s/ ausgesprochen werden soll, muss das durch eine cédille gekennzeichnet werden: ça (das, umgangssprachlich

für: cela), le garçon (der Junge, der Kellner), le reçu (die Quittung).

- Bei Verben mit der Endung -cer muss man daher daran denken, vor Verbendungen, die mit a, o oder u beginnen, dem c eine cédille hinzuzufügen: commencer (anfangen), je commence (ich fange an), nous commençons (wir fangen an), je commençais (ich fing an).

celui-ci/celui-là, celle-ci/celle-là, ceux-ci/ceux-là, celles-ci/celles-là (dieser/der hier / dieser/der da, diese/die hier, diese/die da, …)

J'achète toujours ce pain-ci, pas celui-là. (Ich kaufe immer dieses/das Brot hier, nicht das da.)

- **A.** Wenn man von Dingen und Lebewesen spricht und dasselbe Wort nicht wiederholen möchte, kann man es durch celui-ci/celui-là usw. ersetzen. Dabei weisen bei der Gegenüberstellung von zwei Personen oder Dingen die Formen mit -ci auf Näheres, die mit -là auf Ferneres hin. Auf männliche Wörter bezogen wird in der Einzahl celui-ci/celui-là, in der Mehrzahl ceux-ci/ceux-là, auf weibliche Wörter bezogen in der Einzahl celle-ci/celle-là, in der Mehrzahl celles-ci/celles-là verwendet: J'aime bien ce tableau-ci, mais je n'aime pas du tout celui-là. (Ich mag dieses Bild/Gemälde hier sehr, aber ich mag das da überhaupt nicht.) Tu as demandé à cette dame-ci? – Non à celle-là. (Hast du diese Dame hier gefragt? – Nein, die da; demander à qn: jdn. [wörtl.: jdm.] fragen.)
  Beachten: Beim Hinweis auf nur eine Person oder einen Gegenstand werden heute im gesprochenen Französisch meist nur noch die Formen auf -là verwendet.
- **B.** celui, celle, ceux, celles wird gern vor Ergänzungen mit **de** gebraucht, um die Wiederholung eines voraus-

gehenden Wortes zu vermeiden: Gaston a porté sa valise et celle de sa tante. (Gaston hat seinen Koffer und den seiner Tante getragen.) Quelqu'un a volé le portemonnaie de Charles et celui de notre amie canadienne. ([Irgend]jemand hat das Portemonnaie von Charles und das unserer [wörtl.: von unserer] kanadischen Freundin gestohlen.)

- **C.** celui, celle, ceux, celles steht auch vor Relativsätzen mit qui, que, dont, um Wortwiederholungen zu vermeiden: Est-ce que vous parlez de la boulangerie près du cinéma? – Non, de celle qui se trouve en face de l'église. (Sprechen Sie / Sprecht ihr von der Bäckerei beim Kino? – Nein, von der, die gegenüber der Kirche ist [wörtl.: sich befindet]). Tu veux acheter ce téléviseur-ci? – Non, celui que tu vois là-bas. (Willst du diesen Fernseher hier kaufen? – Nein, den, den du da hinten [stehen] siehst.) Est-ce que ce sont les voisins qui veulent vendre leur maison? – Non, ce sont ceux dont le fils a eu un accident. (Sind das die Nachbarn, die ihr Haus verkaufen wollen? – Nein, das sind die, deren Sohn [wörtl.: wovon der Sohn] einen Unfall gehabt hat.)

Kurztest ▸ A II, KT 10

c'est (ce sont) … qui, c'est (ce sont) … que (zur Hervorhebung)

C'est mon père qui m'a appris ça. (Mein Vater hat mir das beigebracht.)
C'est à Orléans que je suis né(e). (In Orléans bin ich geboren.)

- Wenn man im Deutschen einen Satzteil besonders hervorheben möchte, stellt man ihn an den Anfang oder betont ihn beim Sprechen. Im Französischen gibt es zur Hervorhebung von Satzelementen die Konstruktion mit c'est (ce sont) … qui und c'est (ce sont) … que.

- c'est (ce sont) … qui dient zur besonderen Hervorhebung des Subjekts (Satzgegenstand, Wer?): C'est Jean-Paul qui nous l'a dit. (Jean-Paul hat es uns gesagt. Wer? – Jean-Paul.) Ce sont (umgangssprachlich: C'est) mes parents qui m'ont appelé(e). (Meine Eltern haben mich angerufen. Wer? – Meine Eltern.)
- c'est … que wird verwendet, wenn irgendein anderer Satzteil als das Subjekt hervorgehoben werden soll: C'est demain que nos amis vont partir. (Morgen werden unsere Freunde abreisen.) C'est avec grand plaisir que nous acceptons votre invitation. (Mit großem Vergnügen [Sehr gern] nehmen wir Ihre [eure] Einladung an.) C'est au maire que nous avons écrit une lettre. (Dem Bürgermeister haben wir einen Brief geschrieben.)
- Die Mehrzahlkonstruktion ce sont … que wird nur bei der Hervorhebung eines direkten Objekts (Wen oder was?) verwendet, wobei man umgangssprachlich aber auch c'est … que sagen kann: Ce sont (C'est) nos vieux voisins que nous avons invités. (Unsere alten Nachbarn haben wir eingeladen.)

Kurztest ▸ A II, KT 11

chaque, chacun/chacune (jeder, jede, jedes [einzelne])

Chacun (à) son tour. (Immer der Reihe nach. / Einer nach dem ander[e]n [wörtl.: Jeder nach seiner Reihe].)

- chaque (jeder, jede, jedes) steht vor Hauptwörtern: Chaque dimanche les Chenier vont à l'église. (Jeden Sonntag gehen die Cheniers in die Kirche.)
- chaque fois que entspricht dem deutschen jedesmal wenn:

Chaque fois que nous arrivons à Perros-Guirec en Bretagne, nous allons d'abord à la Plage de Trestraou. (Jedesmal wenn wir in Perros-Guirec in der Bretagne ankommen, gehen wir als Erstes an den Trestraou-Strand.)

- Das alleinstehende jeder/jede/jedes wird mit chacun (auf männliche Hauptwörter bezogen) oder chacune (auf weibliche Hauptwörter bezogen) wiedergegeben: J'ai deux frères. Chacun d'eux est marié avec une Italienne. (Ich habe zwei Brüder. Jeder von ihnen ist mit einer Italienerin verheiratet.)
  Les Dumont ont trois filles. Chacune d'elles a fait une brillante carrière. (Die Dumonts haben drei Töchter. Jede von ihnen hat eine glänzende Karriere gemacht.)

combien de? (wie viel[e])

Combien de véhicules passent ici par jour? (Wie viel[e] Fahrzeuge fahren hier täglich [pro Tag] vorbei?)

- Wie bei fast allen Mengenausdrücken wird auch bei combien de das nachfolgende Nomen (Hauptwort) immer mit de ohne Artikel (Geschlechtswort: le, la, les) angeschlossen: combien d'argent? (wie viel Geld?), combien d'enfants? (wie viel[e] Kinder?) – Vgl. **Mengenausdrücke**

comme (da [= weil])

Comme j'étais malade, je ne pouvais pas participer à la manifestation. (Da ich krank war, konnte ich nicht an der Demonstration teilnehmen.)

- comme (da) leitet einen Nebensatz zur Angabe eines Grundes ein und wird gebraucht, wenn dieser Nebensatz am Anfang der Aussage, also vor dem Hauptsatz steht: Comme je n'avais pas envie de visiter le musée avec ma tante, je suis resté(e) à la maison. (Da ich keine Lust hatte, mit meiner Tante ins Museum zu gehen [wörtl.: das Museum zu besuchen], bin ich zu Hause geblieben.)

- Wenn der Nebensatz des Grundes nachgestellt ist, also dem Hauptsatz folgt, wird parce que (weil) verwendet: Je suis resté(e) à la maison parce que je n'avais pas envie de visiter le musée avec ma tante. (Ich bin zu Hause geblieben, weil ich keine Lust hatte, mit meiner Tante ins Museum zu gehen.)
- Auf eine Frage mit Warum? (Pourquoi) antwortet man mit parce que ... (weil ...): Pourquoi est-ce que tu es resté(e) à la maison? – Parce que je n'avais pas envie de visiter le musée avec ma tante. (Warum bist du zu Hause geblieben? – Weil ich keine Lust hatte, mit meiner Tante ins Museum zu gehen.)

Kurztest ▸ A II, KT 12

conditionnel passé (Konditional II / zusammengesetzte Bedingungsform)

À votre place, j'aurais dit la vérité. (An Ihrer Stelle hätte ich die Wahrheit gesagt [wörtl.: würde ich ... gesagt haben].) À votre place, je serais parti(e) tout de suite. (An Ihrer Stelle wäre ich sofort abgereist [wörtl.: würde ich ... abgereist sein].)

Verbformen ▸ A I, 2.

conditionnel présent (Konditional I / einfache Bedingungsform)

À votre place, je dirais la vérité. (An Ihrer Stelle würde ich die Wahrheit sagen.)

Ableitung ▸ A I, 1.
Verbformen ▸ A I, 2.
Gebrauch ▸ **Konditionalsatz** und A I, 1.5 (1b)

conduire (fahren, z. B. Auto)

Gegenwartsformen: je conduis (ich fahre), tu conduis, il/elle conduit, nous conduisons, vous conduisez, ils/elles conduisent.
Zeiten ▸ A I, 3. – Verbendungen ▸ A I, 2.

connaître (kennen, kennenlernen)

Gegenwartsformen: je connais (ich kenne), tu connais, il/elle connaît, nous connaissons, vous connaissez, ils/elles connaissent.
Zeiten ▸ A I, 3. – Verbendungen ▸ A I, 2.

courir (laufen)

Gegenwartsformen: je cours (ich laufe), tu cours, il/elle court, nous courons, vous courez, ils/elles courent.
Zeiten ▸ A I, 3. – Verbendungen ▸ A I, 2.

craindre (fürchten)

Gegenwartsformen: je crains (ich fürchte), tu crains, il/elle craint, nous craignons, vous craignez, ils/elles craignent.
Zeiten ▸ A I, 3. – Verbendungen ▸ A I, 2.

croire (glauben)

Gegenwartsformen: je crois (ich glaube), tu crois, il/elle croit, nous croyons, vous croyez, ils/elles croient.
Zeiten ▸ A I, 3. – Verbendungen ▸ A I, 2.

D

de plus en plus facile (difficile, lentement, usw.) (immer leichter, schwerer, langsamer, usw.)

La situation devient de plus en plus difficile. (Die Lage wird immer schwieriger; wörtl.: von mehr nach mehr schwierig.)

- de plus en plus drückt eine allmähliche Steigerung aus: La pauvreté devient de plus en plus grande. (Die Armut wird immer größer.) Daniel conduit de plus en plus prudemment. (Daniel fährt immer vorsichtiger.)

demander à qn (jdn. [wörtl.: jdm.] bitten/fragen)

Nicole lui a demandé de venir tout de suite. (Nicole hat ihn/sie [wörtl.: ihm/ihr] gebeten, sofort zu kommen.)

- demander à qn / demander à qn de faire qc (jdn. [wörtl.: jdm.] fragen / jdn. [wörtl.: jdm.] bitten, etwas zu tun) wird im Gegensatz zum Deutschen mit einem indirekten Objekt (Wem?) verbunden: Demandez au patron. (Fragen Sie den [wörtl.: dem] Chef.) J'ai demandé à l'employé de me donner un renseignement. (Ich habe den [wörtl.: dem] Angestellten gebeten, mir eine Auskunft zu geben.)
- demander à qn (jdn. [wörtl.: jdm.] fragen) kann auch einer Äußerung in der indirekten Frage (Wiedergabe dessen, was jemand gefragt hat) vorausgehen, die mit si (ob) oder einem Fragewort wie qui (wer), où (wo), quand (wann), pourquoi (warum) eingeleitet wird: Demande-lui s'il peut venir demain soir (si + il wird zu s'il). (Frag ihn [wörtl.: ihm], ob er morgen Abend kommen kann.)

J'ai demandé au médecin quand je pourrais rentrer. (Ich habe den [wörtl.: dem] Arzt gefragt, wann ich [wieder] nach Hause gehen könnte.)

- demander qc à qn entspricht den deutschen Wendungen jdn. [wörtl.: jdm.] um etwas bitten / jdn. [wörtl.: jdm.] nach etwas fragen: Alain veut demander une augmentation à sa patronne. (Alain will seine Chefin [wörtl.: seiner Chefin] um eine Lohnerhöhung bitten.) Et que disent vos parents? – Nous leur avons demandé conseil. Ils sont d'accord. (Und was sagen eure Eltern? – Wir haben sie [wörtl.: ihnen] um Rat gefragt. Sie sind einverstanden.)
  Tipp: Man kann mit der vom Deutschen abweichenden Konstruktion demander qc à qn problemlos umgehen, wenn man dabei an die Hilfsformulierung jemandem etwas abverlangen denkt: Wir haben ihnen Rat abverlangt. (Nous leur avons demandé conseil.)
- Redewendungen:
  demander conseil à qn (jdn. [wörtl.: jdm.] um Rat fragen – demander de l'aide à qn (jdn. [wörtl.: jdm.] um Hilfe bitten) – demander l'heure à qn (jdn. [wörtl.: jdm.] nach der Uhrzeit fragen) – demander pardon à qn (jdn. [wörtl.: jdm.] um Verzeihung bitten) – demander son chemin à qn (jdn. [wörtl.: jdm.] nach dem [wörtl.: seinem] Weg fragen).

Kurztest ▸ A II, KT 13

Demonstrativbegleiter

▸ **ce (cet), cette, ces**

Demonstrativpronomen

▸ **celui-ci/celui-là, celle-ci/celle-là, ...**

devoir (müssen, sollen, schulden, verdanken)

Gegenwartsformen: je dois (ich muss, ich soll, ich schulde, ich verdanke), tu dois, il/elle doit, nous devons, vous devez, ils/elles doivent.
Zeiten ▸ A I, 3. – Verbendungen ▸ A I, 2.

dire (sagen)

Gegenwartsformen: je dis (ich sage), tu dis, il/elle dit, nous disons, vous dites, ils/elles disent.
Zeiten ▸ A I, 3. – Verbendungen ▸ A I, 2.

dont (…, dessen/deren [wörtl.: wovon] …)

Voilà le monsieur dont la voiture a été abîmée. (Da ist der Herr, dessen Auto [wörtl.: wovon das Auto] beschädigt worden ist.) – Vgl. **Relativpronomen: qui, que, dont**

duquel, de laquelle, desquels, desquelles

▸ **Relativpronomen: lequel, laquelle, lesquels, lesquelles** und **Relativpronomen: qui, que, dont**

E

écrire (schreiben)

Gegenwartsformen: j'écris (ich schreibe), tu écris, il/elle écrit, nous écrivons, vous écrivez, ils/elles écrivent. Zeiten ▸ A I, 3. – Verbendungen ▸ A I, 2.

en (z. B. von dort, davon, darüber)

Vous avez parlé de cette affaire? – Oui, nous en avons parlé longuement. (Haben Sie [Habt ihr] über diese Angelegenheit gesprochen? – Ja, wir haben lange darüber gesprochen.)

- Wenn man eine Ergänzung mit de nicht wiederholen möchte, kann man sie durch en ersetzen.
  Beispiele:
  - Tu viens de Lille? – Oui, j'en viens. (Kommst du aus Lille? – Ja, ich komme von dort/daher.)
  - Est-ce que les délégués ont discuté de ces projets? – Oui, ils en ont discuté. (Haben die Abgeordneten über diese Pläne diskutiert? – Ja, sie haben darüber diskutiert.)
  - Vous avez des pêches? – Bien sûr, nous en avons toujours en été. (Haben Sie Pfirsiche? – Natürlich, wir haben immer welche [wörtl.: davon] im Sommer.)
  - Tu as assez d'argent sur toi? – Oui, j'en ai assez. (Hast du genug Geld bei dir? – Ja, ich habe genug [davon].)
  - Il y a encore des billets? – Je regrette, il n'y en a plus. (Gibt es noch Eintrittskarten? – Es tut mir leid [wörtl.: Ich bedaure], es gibt keine mehr [wörtl.: es gibt nicht mehr davon].)

- <u>en</u> steht direkt vor der Verbform: Nous <u>en</u> parlerons. (Wir werden darüber sprechen.) / Nous n'<u>en</u> parlerons pas. (Wir werden nicht darüber sprechen.) Bei der Verneinung einer mit einem Hilfsverb gebildeten Verbform wird <u>en + Hilfsverb</u> von der zweiteiligen Verneinung (ne … pas, ne … plus, usw.) umschlossen: Nous n'<u>en</u> avons pas parlé. (Wir haben nicht darüber gesprochen.)
- <u>Redewendungen:</u>
  - J'en ai pour cinq minutes. (Ich brauche nur fünf Minuten. / Ich bin in fünf Minuten wieder da.)
  - Marcel lui en veut. (Marcel ist ihm/ihr böse [wörtl.: Marcel will ihm/ihr davon]; von vouloir/wollen.)
  - Je n'en peux plus. (Ich kann nicht mehr; von pouvoir/können.)
  - Ne t'en fais pas. / Ne vous en faites pas. (Mach dir keine Sorgen. / Macht euch [Machen Sie sich] keine Sorgen; von faire/machen.)
  - Je n'en reviens pas. (Ich kann es nicht fassen [wörtl.: Ich komme nicht davon zurück]; von revenir/zurückkommen.)
  - Je n'en ai aucune idée. (Ich habe keine Ahnung [davon].)

Kurztest ▸ A II, KT 14

en faisant qc (während/als, indem / dadurch dass jd. etwas macht – gérondif)

Monique lisait le journal en déjeunant à la terrasse. (Monique las die Zeitung, während [als] sie auf der Terrasse zu Mittag aß / und aß dabei zu Mittag / beim Mittagessen.) Jean s'est sauvé en sautant par la fenêtre. (Jean rettete sich [hat sich gerettet], indem/dadurch dass er aus dem Fenster sprang.)

- Funktion des gérondif:
  Grammatische Konstruktionen wie en déjeunant, en sautant werden als gérondif (Gerundium) bezeichnet und sind eine elegante Möglichkeit, einen Nebensatz mit während/als (Gleichzeitigkeit) oder indem / dadurch dass (Angabe der Art und Weise) zu verkürzen und dadurch zu vereinfachen. Das geht aber nur, wenn das Subjekt (Satzgegenstand, Wer?) in Haupt- und Nebensatz das gleiche ist: Richard bewunderte die schöne Landschaft, während (als) er (in) Richtung Süden (nach Süden) fuhr. / Richard admirait le beau paysage en roulant vers le sud. – Yvonne hat sich aus der Affaire gezogen, indem (dadurch dass) sie die Wahrheit verschwiegen hat. / Yvonne s'est tirée d'affaire en taisant la vérité (en taisant: von taire/verschweigen, nous taisons).
  Das gérondif kann auch einen Konditionalsatz (Bedingungssatz) ersetzen: Robert könnte rechtzeitig in Lyon sein, wenn er fliegt. / Robert pourrait être à Lyon à temps en prenant l'avion.
- Bildung des gérondif:
  Das Gerundium setzt sich aus en und der mit -ant gebildeten Verbform (Partizip Präsens) zusammen, die von der 1. Person Mehrzahl (nous …) der Gegenwart gebildet wird:
  - prendre (nehmen) – nous prenons (wir nehmen) – prenant [wörtl.: nehmend] – en prenant
  - faire (machen) – nous faisons (wir machen) – faisant [wörtl.: machend] – en faisant
  - finir (beenden) – nous finissons (wir beenden) – finissant [wörtl.: beendend] – en finissant

Vgl. auch: Ableitung A I, 1.1 bis 1.4, und Anwendung A I, 1.5 (5)
Kurztest ▸ A II, KT 15

est-ce que (Frageformel; wörtl.: ist das [so], dass ...?)

Est-ce que vous partez? (Reisen Sie ab?) Quand est-ce que vous arrivez à Lyon? (Wann kommen Sie in Lyon an?)

- Durch einfaches Vorschalten der Frageformel est-ce que? vor einen Aussagesatz kann man diesen ohne sonstige Veränderungen in einen Fragesatz umwandeln:
  - Les Lebreton sont déjà rentrés. (Die Lebretons sind schon nach Hause gegangen.)
  - Est-ce que les Lebreton sont déjà rentrés? (Sind die Lebretons schon nach Hause gegangen? [wörtl.: Ist das (so), dass die Lebretons schon nach Hause gegangen sind?])
- Bei Fragen mit einem Fragewort steht das Fragewort vor est-ce que: Pourquoi est-ce que les Lebreton sont déjà rentrés? (Warum sind die Lebretons schon nach Hause gegangen?)

Vgl. **Fragebildung**

être (sein)

Zeitenübersicht ▸ A I, 2.4

- Verben mit **être** oder **avoir** in den zusammengesetzten Zeiten:
  Die meisten Verben bilden die zusammengesetzten Zeiten des Aktivs mit avoir, z. B.: travailler / j'ai travaillé (ich habe gearbeitet) – attendre / j'ai attendu (ich habe gewartet) – finir / j'ai fini (ich habe beendet). Das stimmt nicht immer mit dem Deutschen überein, z. B.: marcher / j'ai marché (ich bin [zu Fuß] gegangen) – courir / j'ai couru (ich bin gelaufen/gerannt) – nager / j'ai nagé (ich bin geschwommen).
  Eine kleine Gruppe von Verben bildet die zusammen-

gesetzten Zeiten mit être, z. B.: aller / je suis allé(e) (ich bin gegangen/gefahren): vgl. A I, 1.5(8). Bei diesen Verben richtet sich das Partizip Perfekt (z. B.: parti/abgereist) nach dem Subjekt (Satzgegenstand, Wer?): Elles sont parties. (Sie sind abgereist.) – Zeitenübersicht (zusammengesetzte Zeiten) ▸ A I, 2.2; Kurztest ▸ A II, KT 16

- **être** bei reflexiven (rückbezüglichen) Verben
  Die Bildung der zusammengesetzten Zeiten bei den reflexiven Verben erfolgt im Deutschen mit haben, im Französischen mit être: se laver / je me suis lavé(e) (ich habe mich [wörtl.: bin mich] gewaschen). Das Partizip Perfekt (z. B.: dépêché/beeilt) richtet sich hier in der Regel nach dem vorausgehenden Reflexivpronomen (rückbezügliches Fürwort), das zum Subjekt (Satzgegenstand, Wer?) gehört: Jacqueline s'est dépêchée. (Jacqueline hat sich beeilt.) Les garçons se sont dépêchés. (Die Jungen haben sich beeilt.) – Ableitungsmodell ▸ A I, 1.4; Zeitenkurzübersicht ▸ A I, 2.5
- **être** beim Passiv
  Zur Bildung des Passivs wird im Deutschen werden, im Französischen être verwendet. Das Partizip Perfekt (z. B.: admiré/bewundert) richtet sich nach dem Subjekt (Satzgegenstand, Wer?): être admiré(e,s,es) (bewundert werden). Elles sont admirées. (Sie werden [wörtl.: sind] bewundert.) – Zeitenkurzübersicht ▸ A I, 2.6
- Redewendungen mit être:
  être à l'heure (pünktlich sein) – être en retard (zu spät kommen; wörtl.: in Verspätung sein) – être pressé(e) (es eilig haben / in Eile sein) – être d'accord ([damit] einverstanden sein) – être d'avis que (der Ansicht/Meinung sein, dass) – être en train de faire qc (gerade etwas tun / gerade dabei sein, etwas zu tun). – Kurztest (zu den Redewendungen) ▸ A II, KT 17

F

faire (machen, tun)

Gegenwartsformen: je fais (ich mache/tue), tu fais, il/elle fait, nous faisons, vous faites, ils/elles font.
Zeiten ▸ A I, 3. – Verbendungen ▸ A I,2.

faut

▸ **il faut**

Fragebildung

Tu m'aimes? (Liebst du mich?)
Es gibt drei Grundtypen der Fragebildung:

- **1.** Die Intonationsfrage.
  Durch die steigende Satzmelodie am Satzende wird eine Aussage in eine Frage umgewandelt. Das Fragewort rückt ans Satzende:
  - Elle vient? (Kommt sie?) Elle vient quand? (Wann kommt sie?)
  - Tes amis viennent? (Kommen deine Freunde?) Tes amis viennent quand? (Wann kommen deine Freunde?)

  Diese Frageform wird überwiegend in der gesprochenen Sprache verwendet.
- **2.** Die est-ce que-Frage.
  Durch Vorschalten der Frageformel est-ce que (wörtl.: ist das [so], dass …?) kann man einen Aussagesatz zu einem Fragesatz machen. Das Fragewort steht vor est-ce que am Satzanfang:
  - Est-ce qu'elle vient? (Kommt sie?) Quand est-ce qu'elle vient? (Wann kommt sie?)

– Est-ce que tes amis viennent? (Kommen deine Freunde?) Quand est-ce que tes amis viennent? (Wann kommen deine Freunde?)

Die est-ce que-Frage wird in der gesprochenen und in der geschriebenen Sprache eingesetzt. – Vgl. auch **est-ce que**

• **3.** Die Inversionsfrage (Umstellungsfrage).

Bei der Umstellungsfrage rückt das Subjekt (Satzgegenstand, Wer?), wie bei der Frage im Deutschen, hinter das Verb. Ist das Subjekt ein Personalpronomen (z. B.: tu, il, elle), so wird es mit Bindestrich an die Verbform angeschlossen. Wenn die Verbform auf einen Vokal (Selbstlaut) endet, wird zwischen Verbform und Personalpronomen ein -t- eingeschoben: Où travaille-t-il? (Wo arbeitet er?)

(a) Die Umstellungsfrage mit Fragewort.

– Quand vient-elle? (Wann kommt sie?) Quand viennent tes amis? (Wann kommen deine Freunde?)

(b) Die Umstellungsfrage ohne Fragewort.

– Vient-elle? (Kommt sie?)

Wenn das Subjekt ein Nomen (Hauptwort) ist, wird es an den Anfang des Fragesatzes gestellt und dann beim Verb noch einmal in der Form des entsprechenden Personalpronomens wiederholt:

– Tes amis viennent-ils? (Kommen deine Freunde? [wörtl.: Deine Freunde, kommen sie?])

– Ta cousine va-t-elle nous prêter sa voiture? (Wird uns deine Cousine ihr Auto leihen? [wörtl.: Deine Cousine, wird sie uns ihr Auto leihen?])

– Quand tes amis viendront-ils? (Wann werden deine Freunde kommen? [wörtl.: Wann deine Freunde werden sie kommen?])

Diese Form der Frage gehört vorwiegend der gehobenen, förmlichen Sprache und der Schriftsprache an.

Einige Umstellungsfragen werden allerdings auch gern in der gesprochenen Sprache verwendet, z. B.: Quel âge as-tu / avez-vous? (Wie alt bist du / sind Sie?) – À quoi penses-tu / pensez-vous? (Woran denkst du / denken Sie?) – Quel temps fait-il? (Wie ist das Wetter? [wörtl.: Welches Wetter macht es?])

Kurztest ▸ A II, KT 18

Fragewörter

▸ **que? / qu'est-ce que?, qu'est-ce qui?**
▸ **quel?/quelle?, lequel?/laquelle?**
▸ **qui? / qui est-ce qui?, qui est-ce que?**

futur antérieur (Futur II / zusammengesetzte Zukunft)

Demain en huit j'aurai passé mon permis (de conduire). (Morgen in acht Tagen werde ich meinen Führerschein gemacht haben.)

Aujourd'hui en quinze je serai arrivé(e) à Rome. (Heute in vierzehn Tagen werde ich in Rom angekommen [eingetroffen] sein.)

Verbformen ▸ A I, 2.

futur simple (Futur I / einfache Zukunft)

Je partirai la semaine prochaine. (Ich werde nächste Woche abreisen.)

Ableitung ▸ A I, 1. (1.1 bis 1.4)
Anwendung ▸ A I, 1.5 (1a)
Verbformen ▸ A I, 2.

G

Gegenwart

▸ **présent**

gérondif

▸ **en faisant qc**

Grundform (des Verbs)

▸ **Infinitiv**

I

il faut (es ist nötig, man muss, man braucht)

Il faut que tu viennes tout de suite. (Du musst sofort kommen.)

- il faut faire qc (man muss etwas tun: Il faut agir vite. Man muss / Wir müssen schnell handeln [wörtl.: Es ist nötig, schnell zu handeln].)
- il faut que je (tu, il, usw.) + Verb (im subjonctif) bedeutet ich (du, er, usw.) muss etwas tun, wird also gebraucht, wenn man angeben möchte, wer etwas tun muss. Dabei steht das Verb im subjonctif, einer Sonderform des Präsens (Gegenwart), die nach bestimmten Verben und Wendungen automatisch verwendet wird (vgl. A I, 1. [besonders 1.5(7) und 2.]), z. B. bei attendre (warten): Il faut que j'attende. (Ich muss warten; wörtl.: Es ist nötig, dass ich warte.) Il faut que tu attendes. Il faut qu'il/elle attende. Il faut que nous attendions. Il faut que vous attendiez. Il faut qu'ils/elles attendent.
- il faut qc (man braucht etwas): Il faut beaucoup d'argent. (Man braucht viel Geld.)
- il me (…) faut qc (ich […] brauche etwas; wörtl.: es ist mir […] etwas nötig).
  Wenn man sagen möchte, wer etwas braucht, kann man das durch das entsprechende Personalpronomen (me, te, lui, usw.) vor der Verbform faut ausdrücken: Il me faut du temps. (Ich brauche Zeit; wörtl.: Es ist mir Zeit nötig.) – Il te faut du temps. (Du brauchst Zeit.) – Il lui faut du temps. (Er/Sie braucht Zeit.) – Il nous faut du temps. (Wir brauchen Zeit.) – Il vous faut du temps. (Ihr braucht / Sie brauchen Zeit.) – Il leur faut du temps. (Sie brauchen Zeit.)

- weitere Zeiten von il faut:
  - il fallait (es war nötig, man musste, man brauchte)
  - il faudra (es wird nötig sein, man wird … müssen, man wird … brauchen)
  - il faudrait (es wäre nötig, man müsste / würde … müssen, man bräuchte / würde … brauchen)
  - il a fallu (es ist nötig gewesen, man hat … müssen, man hat … gebraucht)
  - il avait fallu (es war nötig gewesen, man hatte … müssen, man hatte … gebraucht)

Kurztest ▸ A II, KT 19

il y a … (vor …) / **il y a … que …** (seit …)

- il y a (vor) steht bei einer Zeitangabe, die vor dem Zeitpunkt des Sprechens liegt: J'ai rencontré Georges il y a deux heures. (Ich habe Georges vor zwei Stunden [genauer: es gibt zwei Stunden] getroffen.) Il y a quinze jours, j'étais encore au chômage. (Vor vierzehn Tagen war ich noch arbeitslos.)
- il y a … que (seit) bezeichnet eine Zeitspanne von der Vergangenheit bis zum Zeitpunkt des Sprechens: Il y a vingt ans que nous habitons (à) Nantes. (Seit zwanzig Jahren wohnen wir in Nantes.)

Kurztest ▸ A II, KT 20

imparfait (Imperfekt / einfache Vergangenheit)

Chantal lisait le journal pendant que Guy mettait la table. (Chantal las die Zeitung, während Guy den Tisch deckte.)

Ableitung ▸ A I, 1.
Verbformen ▸ A I, 2.

- Anwendung: Das imparfait wird bei Handlungen und

Vorgängen gebraucht, die als nicht abgeschlossen betrachtet werden (Hilfsfrage: Was war?). Es beschreibt den Hintergrund eines Geschehens und steht dementsprechend besonders

(a) bei Handlungen/Vorgängen, die gleichzeitig ablaufen: Nous écrivions des cartes postales pendant que les enfants dormaient. (Wir schrieben Postkarten, während die Kinder schliefen. – Was war?)

(b) bei Handlungen/Vorgängen, die gerade ablaufen und dann plötzlich durch einen anderen Vorgang unterbrochen werden: Les Tessier regardaient des photos quand quelqu'un a frappé à la porte. (Die Tessiers sahen sich [gerade] Fotos an [Was war?], als [plötzlich] jemand an die Tür klopfte [wörtl.: geklopft hat]. – Was geschah?/Perfekt.)

Kurztest ▸ A II, KT 21

impératif (Imperativ/Befehlsform)

Laisse-moi tranquille. (Lass mich in Ruhe.)
Ableitung ▸ A I, 1.
Erläuterungen ▸ A I, 1.5 (2), (4), (6)

- Verneinter Imperativ: Wenn der Imperativ verneint ist, bleiben ihn begleitende Personalpronomen vor der Imperativform stehen. Die Verneinung, z. B. ne … pas, umschließt dann den Imperativ mit dem oder den davor stehenden Personalpronomen: Ne me contredisez pas (von contredire). (Widersprechen Sie mir nicht.) – Vgl. **Personalpronomen**
- Beim unverneinten Imperativ rücken ihn begleitende Personalpronomen mit Bindestrich hinter die Imperativform (wie im Deutschen). In diesem Fall werden die unbetonten Formen me und te am Ende durch die betonten moi und toi ersetzt: Montrez-moi votre nou-

velle voiture, montrez-la-moi. (Zeigen Sie mir Ihr neues Auto, zeigen Sie es mir.) Dépêche-toi (von se dépêcher). (Beeil dich.) – Vgl. **Personalpronomen**

Kurztest ▸ A II, KT 22

Imperfekt

▸ **imparfait**

indirekte Rede/Frage

Céline a dit: »Je suis heureuse.« (Céline hat gesagt: »Ich bin glücklich.«) Elle a dit qu'elle était heureuse. (Sie hat gesagt, dass sie glücklich sei [wörtl.: war].)

- Im Gegensatz zur direkten Rede/Frage, die das Gesagte wörtlich anführt, gibt die indirekte Rede/Frage nur den Inhalt der gesprochenen Worte wieder.
- Wenn das die indirekte Rede/Frage einleitende Verb in einer Zeit der Vergangenheit steht (z. B.: il/elle a dit, ils/elles ont répondu, il/elle a demandé), findet zwischen der direkten und der indirekten Rede/Frage eine Zeitenverschiebung statt:

  (a) Präsens (Gegenwart) wird zu Imperfekt (einfache Vergangenheit).
  - direkte Rede: Il a dit: «Je la connais de vue.» (Er hat gesagt: »Ich kenne sie vom Sehen.«)
  - indirekte Rede: Il a dit qu'il la connaissait de vue. (Er hat gesagt, dass er sie vom Sehen kenne [wörtl.: kannte].)

  (b) Futur I (einfache Zukunft) wird zu Konditional I (einfache Bedingungsform).
  Das Konditional I drückt hier etwas Zukünftiges aus der Sicht der Vergangenheit aus.
  - direkte Rede: Elles ont répondu: «Nous resterons à

la maison.» (Sie haben geantwortet: »Wir werden zu Hause bleiben.«)
- indirekte Rede: Elles ont répondu qu'elles resteraient à la maison. (Sie haben geantwortet, dass sie zu Hause bleiben würden.)

(c) Perfekt (zusammengesetzte Vergangenheit) wird zu Plusquamperfekt (Vorvergangenheit).
- direkte Rede: Elle a dit: «Je suis allée à pied.» (Sie hat gesagt: »Ich bin zu Fuß gegangen.«)
- indirekte Rede: Elle a dit qu'elle était allée à pied. (Sie hat gesagt, dass sie zu Fuß gegangen sei [wörtl.: war].)

• Mit der indirekten Frage verhält es sich genauso.
Eine Frage ohne Fragewort wird bei der indirekten Wiedergabe mit si (ob) eingeleitet. Dabei fällt das i von si vor il/ils weg: s'il(s).
- direkte Frage: Elle m'a demandé: «Tu as beaucoup de travail?» (Sie hat mich gefragt: »Hast du viel Arbeit?«)
- indirekte Frage: Elle m'a demandé si j'avais beaucoup de travail. (Sie hat mich gefragt, ob ich viel Arbeit hätte [wörtl.: hatte]).
- direkte Frage: Elle m'a demandé: «Quand reviendras-tu?» (Sie hat mich gefragt: »Wann wirst du zurückkommen?«)
- indirekte Frage: Elle m'a demandé quand je reviendrais. (Sie hat mich gefragt, wann ich zurückkäme / zurückkommen würde.)

Kurztest ▸ A II, KT 23

Infinitiv (Grundform des Verbs)

J'ai demandé au médecin de venir tout de suite. (Ich habe den Arzt [wörtl.: dem Arzt] gebeten, sofort zu kommen.)

- Infinitiv mit **de**
  Im Deutschen wird der Infinitiv meist mit zu an andere Verben und Wendungen angeschlossen: Ich habe angeboten, ihnen zu helfen. Im Französischen entspricht diesem zu in den meisten Fällen die Präposition de: Je suis content(e) de vous voir. (Ich freue mich [wörtl.: bin erfreut], euch/Sie zu sehen.) J'ai oublié de fermer la porte. (Ich habe vergessen, die Türe zu schließen / zuzumachen.)
- Infinitiv mit **à**
  René m'a aidé(e) à traduire la lettre. (René hat mir geholfen, den Brief zu übersetzen.)
  Eine Gruppe von Verben und Ausdrücken hat den Infinitiv mit à nach sich. Dazu gehören unter anderen: chercher à faire qc (versuchen, etwas zu tun) – renoncer à faire qc (darauf verzichten, etwas zu tun) – aider qn à faire qc (jdm. [wörtl.: jdn.] helfen, etwas zu tun) – se décider à faire qc (beschließen, etwas zu tun) – se mettre à faire qc (anfangen/beginnen, etwas zu tun) – apprendre à faire qc (lernen, etwas zu tun) – être le seul / la seule à faire qc (der/die Einzige sein, der/die etwas tut).
- Infinitiv ohne Präposition (reiner Infinitiv)
  Je compte partir demain matin. (Ich habe vor / beabsichtige, morgen früh abzufahren.)
  Eine andere Gruppe von Verben und Ausdrücken schließt den Infinitiv direkt, also ohne eine Präposition, an, so beispielsweise: compter faire qc (beabsichtigen/vorhaben, etwas zu tun) – aimer faire qc (etwas gern tun) – aimer mieux faire qc (etwas lieber tun) – préférer faire qc ([es] vorziehen, etwas zu tun / etwas lieber tun) – oser faire qc (wagen, etwas zu tun) – prétendre faire qc (vorgeben, etwas zu tun) – il vaut mieux faire qc (es ist besser, etwas zu tun). – Vgl. auch **aimer faire qc**

Kurztest ▸ A II, KT 24

J

jouer à un jeu (ein Spiel spielen)

Je joue au golf deux fois par semaine. (Ich spiele zweimal in der Woche Golf.)

- Wenn es um Spiele im Bereich von Sport und Unterhaltung geht, verwendet man die Formulierung jouer + à + le/la/les + Spielbezeichnung: jouer au foot(ball) (Fußball spielen) – jouer au basket(-ball) (Basketball spielen) – jouer au tennis (Tennis spielen) – jouer au ping-pong (Tischtennis spielen) – jouer au golf (Golf spielen) – jouer aux cartes (Karten spielen) – jouer aux échecs (Schach spielen).

jouer d'un instrument (ein Musikinstrument spielen)

Henri joue du violon dans un orchestre symphonique. (Henri spielt Geige/Violine in einem Sinfonieorchester.)

- Wenn vom Spielen eines Musikinstruments die Rede ist, wird so formuliert: jouer + de + le/la + Instrument: jouer du piano (Klavier spielen) – jouer du violon (Geige/Violine spielen) – jouer du violoncelle (Cello spielen) – jouer de la guitare (Gitarre spielen) – jouer de la flûte (Flöte spielen) – jouer de la clarinette (Klarinette spielen) – jouer de la trompette (Trompete spielen).

K

Komparativ

- Der Komparativ ist die erste Steigerungsform
  (a) des Adjektivs (Eigenschaftswort): Françoise est plus grande que moi. (Françoise ist größer als ich.)
  (b) des Adverbs (hier: handlungsbeschreibendes Wort): Je marche plus rapidement que toi. (Ich gehe schneller als du.) Vgl. **Steigerung des Adjektivs / des Adverbs**

Konditional I

▸ **conditionnel présent**

Konditional II

▸ **conditionnel passé**

Konditionalsatz (Bedingungssatz)

Si j'étais au bord de la mer, je passerais toute la journée à la plage. (Wenn ich am Meer wäre, würde ich den ganzen Tag am Strand verbringen.)

- Der Bedingungssatz wird mit si eingeleitet. Vor il(s) fällt das i von si weg: s'il(s).
- Man unterscheidet drei Grundtypen von Bedingungssätzen:
  1. Si **j'ai** le temps, **j'aiderai** mes amis. (Wenn ich Zeit habe, helfe ich meinen Freunden [wörtl.: werde ich … helfen].)
  Es ist möglich, dass der Fall eintritt. Im Bedingungssatz (Si …) steht das Präsens (Gegenwart), im Hauptsatz das Futur I (einfache Zukunft).

2. Si **j'avais** le temps, **j'aiderais** mes amis. (Wenn ich Zeit hätte [wörtl.: hatte], würde ich meinen Freunden helfen.)
Es ist unwahrscheinlich (aber möglich), dass der Fall eintritt. Im Bedingungssatz (Si ...) steht das Imperfekt (einfache Vergangenheit, also keine Bedingungsform!), im Hauptsatz das Konditional I (einfache Bedingungsform).
3. Si **j'avais eu** le temps, **j'aurais aidé** mes amis. (Wenn ich Zeit gehabt hätte [wörtl.: gehabt hatte], hätte ich meinen Freunden geholfen [wörtl.: würde ich ... geholfen haben].)
Es ist unmöglich, dass der Fall eintritt, weil sich das Ganze auf die Vergangenheit bezieht und daher nicht mehr ändern lässt. Im Bedingungssatz (Si ...) steht das Plusquamperfekt (Vorvergangenheit, also keine Bedingungsform!), im Hauptsatz das Konditional II (zusammengesetzte Bedingungsform).

- Beachten: Im Satz mit si (wenn) steht kein Futur (Zukunft) und kein Konditional (Bedingungsform)!
- Unterscheiden: si (wenn = falls / für den Fall, dass) – quand (wenn = dann wenn / zu dem Zeitpunkt, wenn). Beispiel: Quand nous rentrerons, je le lui dirai. (Wenn wir nach Hause kommen [wörtl.: kommen werden], sage ich es ihm/ihr [wörtl.: werde ich ... sagen].)

Gebrauch (Kurzfassung) ▸ A I, 1.5 (1b)
Kurztest ▸ A II, KT 25

Konjunktiv

▸ **subjonctif**

Ländernamen (im Satzzusammenhang)

Normalement, nous passons nos vacances en Espagne ou au Portugal. (Normalerweise verbringen wir unsere Ferien in Spanien oder in Portugal.)

- Ländernamen werden in der Regel mit dem bestimmten Artikel (le, la, les) gebraucht: Je connais bien la France / l'Angleterre / le Portugal / les Pays-Bas. (Ich kenne Frankreich / England / Portugal / die Niederlande gut.)
- Die meisten Ländernamen sind, wie die Namen der Kontinente, weiblich. Auf die Frage Wo? (in einem Land) und Wohin? (nach einem Land) werden bei weiblichen Ländernamen in und nach mit en übersetzt: la France (Frankreich), aller en France (nach Frankreich gehen/fahren), être en France (in Frankreich sein). Die männlichen Formen der von den Ländernamen abgeleiteten Adjektive (Eigenschaftswort) werden zur Bezeichnung der Landessprache verwendet: parler (le) français (Französisch sprechen).
- Beispiele für weibliche Ländernamen mit Adjektiven (in Klammern), z. B.: aller/être ...: en Angleterre (anglais/anglaise) – en Argentine (argentin/argentine) – en Autriche (autrichien/autrichienne) – en Belgique (belge) – en Espagne (espagnol/espagnole) – en Italie (italien/italienne) – en Pologne (polonais/polonaise) – en Russie (russe) – en Suède (suédois/suédoise).
- Die Namen der Kontinente sind ebenfalls weiblich und werden wie die weiblichen Ländernamen behandelt, z. B.: aller/être ...: en Europe (européen/européenne) – en Asie (asiatique) – en Afrique (africain/africaine) –

en Amérique (américain/américaine) – en Australie (australien/australienne).

- Bei männlichen Ländernamen werden in (einem Land sein) und nach (einem Land fahren) mit au (aus à + le) oder, bei geographischen Mehrzahlnamen, mit aux (aus à + les) wiedergegeben: le Portugal (Portugal), aller au Portugal (nach Portugal gehen/fahren), être au Portugal (in Portugal sein), parler (le) portugais (Portugiesisch sprechen).
- Beispiele für männliche Ländernamen mit Adjektiven (in Klammern), z. B.: aller/être …: au Brésil (brésilien/brésilienne) – au Chili (chilien/chilienne) – au Canada (canadien/canadienne) – au Danemark (danois/danoise) – au Japon (japonais/japonaise) – aux États-Unis (américain/américaine).
- Auf die Frage Woher? (aus einem Land) steht vor weiblichen Ländernamen d(e), vor männlichen Ländernamen du (aus de + le), vor Mehrzahlnamen des (aus de + les): Nous venons de Suède / du Brésil / des États-Unis. (Wir kommen aus Schweden / aus Brasilien / aus den Vereinigten Staaten.)
- Städtenamen: Bei Städtenamen werden in und nach mit à, von mit d(e) übersetzt:
  - Mes amis français habitent (à) Marseille. (Meine französischen Freunde wohnen in Marseille.)
  - Fabienne est revenue de Lyon il y a une heure. (Fabienne ist vor einer Stunde von Lyon zurückgekommen.)

Kurztest ▸ A II, KT 26

lequel/laquelle (Relativpronomen)

▸ **Relativpronomen: lequel, laquelle, lesquels, lesquelles**

lequel?/laquelle? (Fragewort)

▸ **quel?/quelle?, lequel?/laquelle?**

lire (lesen)

Gegenwartsformen: je lis (ich lese), tu lis, il/elle lit, nous lisons, vous lisez, ils/elles lisent.
Zeiten ▸ A I, 3. – Verbendungen ▸ A I, 2.

M

me, te, lui, le, la, nous, vous, leur, les

▸ **Personalpronomen**

Mehrzahlbildung

▸ **Pluralbildung**

Mengenausdrücke

Maurice a toujours beaucoup de travail et donc peu de temps. (Maurice hat immer viel Arbeit und daher wenig Zeit.)

- Im Deutschen wird das Nomen (Hauptwort) nach Mengenausdrücken direkt angeschlossen (viel Geld, ein Kilo Äpfel). Im Französischen steht nach Mengenausdrücken de + Nomen (in der Einzahl oder Mehrzahl): beaucoup d'argent, un kilo de pommes.
- Beispiele für Mengenausdrücke: beaucoup de chance (viel Glück) – peu de sucre (wenig Zucker) – assez de soucis (genug Sorgen) – trop de voitures (zu viele Autos) – plus de gens que d'habitude (mehr Leute als sonst) – moins de gens que d'habitude (weniger Leute als sonst) – autant d'argent que lui (genauso [ebenso] viel Geld wie er) – pas mal de spectateurs (ziemlich viel[e] Zuschauer) – ne ... pas de travail (keine Arbeit) – ne ... plus de temps (keine Zeit mehr) – combien de temps? (wie viel Zeit?) – combien de personnes? (wie viele Personen?) – un (deux, usw.) kilo(s) de cerises (ein [zwei, usw.] Kilo Kirschen) – une bouteille de vin blanc (eine Flasche Weißwein) – un verre d'eau

(ein Glas Wasser) – une douzaine de touristes (etwa zwölf Touristen) – …

- Beachten: bien des / bien de la, bien du (sehr viele / sehr viel) sind Mengenausdrücke, die das nachfolgende Nomen mit de + bestimmtem Artikel (le, la, les) anschließen: Bien des gens sont du même avis que moi. (Sehr viele Leute sind der gleichen Ansicht/Meinung wie ich.) bien de la / bien du (sehr viel) werden nur bei abstrakten (nicht greifbaren / nicht gegenständlichen) Begriffen verwendet: Vous avez eu bien de la chance. (Ihr habt / Sie haben sehr viel Glück gehabt.) Je me suis donné bien du mal. (Ich habe mir sehr viel Mühe gegeben.)

Kurztest ▸ A II, KT 27

mettre (legen, setzen, stellen)

Gegenwartsformen: je mets (ich lege/setze/stelle), tu mets, il/elle met, nous mettons, vous mettez, ils/elles mettent.

Zeiten ▸ A I, 3. – Verbendungen ▸ A I, 2.

le mien / la mienne, le tien / la tienne, …

▸ **Possessivpronomen**

N

ne … jamais (nie/niemals)

Je n'ai jamais été au Canada. (Ich bin [noch] nie in Kanada gewesen.)
Vgl. zum Gebrauch: **ne … pas**

ne … ni … ni / ni … ni … ne (weder … noch)

Je ne connais ni un M. Bonnier ni un M. Briand. (Ich kenne weder einen M. Bonnier noch einen M. Briand.)
Ni un M. Bonnier ni un M. Briand n'habite ici. (Weder ein Herr Bonnier noch ein Herr Briand wohnt hier.)

- Bei der dem deutschen weder … noch entsprechenden dreiteiligen Verneinung ne … ni … ni steht das ne vor der Verbform und ni … ni … vor den jeweiligen Bezugswörtern.

ne … pas (nicht)

Je ne sais pas. (Ich weiß [es] nicht.)

- Die aus zwei Teilen bestehenden Verneinungen, wie ne … pas, umschließen die Verbform, bei zusammengesetzten Verbformen das Hilfsverb; ne steht also vor dem Verb oder Hilfsverb, das 2. Verneinungselement hinter dem Verb oder Hilfsverb:
  - Je ne fume pas. (Ich rauche nicht.)
  - Ne fumez pas, s'il vous plaît. (Rauchen Sie bitte nicht.)
  - Je n'ai pas fumé. (Ich habe nicht geraucht.)
- Die Verbform begleitende Personalpronomen (persönliche Fürwörter), Reflexivpronomen (rückbezügli-

che Fürwörter), en (davon) und y (dahin) bleiben bei Verneinung unmittelbar vor dem Verb oder Hilfsverb:
- Je ne le lui dirai pas. (Ich werde es ihm/ihr nicht sagen.)
- Ne le lui dites pas. (Sagen Sie es ihm/ihr nicht.)
- Je ne le lui ai pas dit. (Ich habe es ihm/ihr nicht gesagt.)
- Elle ne se repose pas assez. (Sie ruht sich nicht genug aus.)
- Elle ne s'est pas encore reposée. (Sie hat sich noch nicht ausgeruht.)
- Nous n'y sommes pas allé(e)s. (Wir sind nicht dahin gegangen.)

• ne … pas du tout (überhaupt nicht) ist eine verstärkte Form von ne … pas:
- Ce tableau-là ne me plaît pas du tout. (Das Bild/Gemälde da gefällt mir überhaupt nicht.)

Kurztest ▸ A II, KT 28

ne … pas de (kein)

Je n'ai pas d'argent sur moi. (Ich habe kein Geld bei mir.)

▸ **Mengenausdrücke**

ne … pas non plus (auch nicht)

• Mit dieser Verneinungsform drückt man seine Zustimmung zu einer negativen Äußerung aus. Wenn man nur eine kurze zustimmende Bemerkung machen möchte, lässt man das Verb zusammen mit ne … pas weg, so dass nur noch non plus übrig bleibt:
- Je n'aime pas la musique moderne. – Je ne l'aime pas non plus. / Moi non plus (wörtl.: Ich nicht mehr

[z. B.: als du, er, …]). (Ich mag [die] moderne Musik nicht. – Ich mag sie auch nicht. / Ich auch nicht.)

Vgl. zum Gebrauch: **ne … pas**

ne … personne (niemand)

Il n'y avait personne. (Es war niemand da.)

- personne kann auch als Subjekt (Satzgegenstand, Wer?) gebraucht werden und steht dann am Satzanfang, während das ne vor dem Verb stehen bleibt: Personne ne me connaît ici. (Niemand kennt mich hier.)

ne … plus (nicht mehr)

Je ne me rappelle plus son nom. (Ich erinnere mich nicht mehr an seinen/ihren Namen; wörtl.: Ich rufe mir nicht mehr … zurück.)

- ne … plus du tout (überhaupt nicht mehr) ist eine verstärkte Form von ne … plus: Nous n'allons plus du tout au théâtre. (Wir gehen überhaupt nicht mehr ins Theater.)

Vgl. zum Gebrauch: **ne … pas**

ne … plus jamais (nie mehr / nie wieder)

Depuis cet incident, Liliane ne m'a plus jamais invité(e). (Seit diesem Vorfall/Zwischenfall hat Liliane mich nie wieder eingeladen.)

Vgl. zum Gebrauch: **ne … pas**

ne … que (nur)

- Dem deutschen Wort »nur« entspricht (neben »seulement«) das zweiteilige ne … que; ne steht vor dem

Verb, que vor dem entsprechenden Bezugswort: Je ne mange que du pain complet. (Ich esse nur Vollkornbrot.)

- Bei Zeitangaben entspricht ne … que dem deutschen »erst«: Il n'est que dix heures. (Es ist erst zehn Uhr.)

ne … rien / rien ne … (nichts)

Il n'y a rien à faire. (Es ist nichts zu machen.)
Rien n'est plus simple que cela (ça). (Nichts ist einfacher als das.)

- ne … rien du tout (gar nichts / überhaupt nichts) ist eine verstärkte Form von ne … rien: Cela (Ça) ne fait rien du tout. (Das macht gar nichts.)

O

Objekt (Satzergänzung)

Mme Blanchard a montré le bébé de sa fille à ses voisins. (Mme Blanchard hat den Nachbarn das Baby ihrer Tochter gezeigt.)

- Das direkte Objekt ist eine auf Wen oder was? antwortende Ergänzung, die direkt an das Verb angeschlossen wird: Hier j'ai rencontré ton patron. (Gestern habe ich deinen Chef getroffen. Wen? – Deinen Chef.)
- Das indirekte Objekt ist eine auf Wem oder was? antwortende Ergänzung, die mit à gekennzeichnet wird. Dabei wird à + le zu au und à + les zu aux zusammengezogen. Das indirekte Objekt steht in der Regel hinter dem direkten Objekt: Sophie a envoyé un (e-)mail à Paul / à la sœur de Paul / au frère de Paul / aux parents de Paul. (Sophie hat Paul / der Schwester von Paul / dem Bruder von Paul / den Eltern von Paul eine E-Mail geschickt. Wen oder was? – Eine E-Mail. / Wem? – Paul / der Schwester von Paul / …)
- Eine Gruppe von Verben wird im Deutschen mit einem indirekten Objekt (Wem?), im Französischen dagegen mit einem direkten Objekt (Wen?) verbunden, z. B. aider qn (jdm. [wörtl.: jdn.] helfen): Nous avons aidé notre voisin. (Wir haben unserem [wörtl.: unseren] Nachbarn geholfen.) Weitere Verben dieser Gruppe sind unter **aider qn** aufgeführt.
- Auf Wessen? antwortende Ergänzungen werden mit de angeschlossen. Dabei wird de + le zu du und de + les zu des zusammengezogen: Voici le passeport de Lucien / de la sœur de Lucien / du frère de Lucien /

des parents de Lucien. (Hier ist der Pass von Lucien [Luciens Pass] / der Schwester von Lucien / des Bruders von Lucien / der Eltern von Lucien. Wessen Pass? – Luciens Pass, der Pass der Schwester von Lucien, ...)
Kurztest (außer Verbgruppe aider qn) ▸ A II, KT 29

ouvrir (öffnen)

Gegenwartsformen: j'ouvre (ich öffne), tu ouvres, il/elle ouvre, nous ouvrons, vous ouvrez, ils/elles ouvrent.
Zeiten ▸ A I, 3. – Verbendungen ▸ A I, 2.

P

parce que (weil)

▸ **comme**

partir (weggehen, wegfahren, abreisen)

Gegenwartsformen: je pars (ich gehe weg, ich fahre weg, ich reise ab), tu pars, il/elle part, nous partons, vous partez, ils/elles partent.
Zeiten ▸ A I, 3. – Verbendungen ▸ A I, 2.

Partizip Perfekt (z. B.: gegangen)

J'ai fait de mon mieux. (Ich habe mein Bestes [wörtl.: von meinem Besten] getan.)

- Bildung des Partizips Perfekt bei regelmäßigen Verben
  - Verben auf -er: parl/er (sprechen) – parlé (gesprochen) – j'ai parlé (ich habe gesprochen).
  - Verben auf -re: attend/re (warten) – attendu (gewartet) – j'ai attendu (ich habe gewartet).
  - Verben auf -ir: réfléch/ir (nachdenken) – réfléchi (nachgedacht) – j'ai réfléchi (ich habe nachgedacht).
- Bildung des Partizips Perfekt bei unregelmäßigen Verben
  Das Partizip Perfekt ist hier in der Regel nicht vom Infinitiv (Grundform) ableitbar und muss daher gesondert gelernt werden: boire (trinken) – bu (getrunken) – j'ai bu (ich habe getrunken). – Bei den in Anhang I, Abschnitt 3. in der Form von Ableitungsformeln aufgeführten, besonders wichtigen unregelmäßigen Verben kann man das Partizip Perfekt der jeweils letzten

Verbform (Perfekt, z. B.: j'ai mis, von mettre) entnehmen.

- Veränderlichkeit des Partizips Perfekt

(a) bei mit »être« gebildeten Verbformen: ▸ **être**

(b) bei mit »avoir« gebildeten Verbformen: Die meisten Verben bilden im Aktiv die zusammengesetzten Verbformen mit avoir: j'ai compris (ich habe verstanden). Dabei wird das Partizip Perfekt in der Regel nicht verändert – mit einer Ausnahme: Wenn der mit avoir und dem Partizip Perfekt gebildeten Verbform ein auf Wen oder was? antwortender Satzteil vorausgeht, richtet sich das Partizip Perfekt nach diesem Satzteil und bekommt dementsprechend gegebenenfalls die Endung -s (männlich Mehrzahl), -e (weiblich Einzahl) oder -es (weiblich Mehrzahl).

Ein solcher Satzteil kann in unterschiedlicher Form vorausgehen:

– vorausgehendes Personalpronomen (persönliches Fürwort): Tu as invité Anne et Jeanne? – Oui, je les ai invitées. (Hast du Anne und Jeanne eingeladen? – Ja, ich habe sie eingeladen. Wen? – Sie.)

– vorausgehendes Nomen (Hauptwort) mit Fragebegleiter (z. B.: quel/quelle) oder Fragepronomen (z. B.: lequel/laquelle): Quelle table (Laquelle) as-tu achetée? (Welchen Tisch [Welchen] hast du gekauft? Wen oder was? Welchen? / La table.)

– vorausgehendes Relativpronomen (bezügliches Fürwort): Voici les timbres que Danielle m'a envoyés. (Hier sind die Briefmarken, die Danielle mir geschickt hat. Wen oder was? – (Die Briefmarken), die ...)

Kurztest (Veränderlichkeit bei mit avoir gebildeten Verbformen) ▸ A II, KT 30

passé composé (Perfekt / zusammengesetzte Vergangenheit)

Quand on a sonné, Nadine s'est levée, est descendue et a ouvert la porte de la maison. (Als es klingelte [wörtl.: Als man geklingelt hat], ist Nadine aufgestanden, heruntergegangen und hat die Haustür aufgemacht.)

- Ableitung ▸ A I, 1. und 3. (jeweils letzte Form) sowie **Partizip Perfekt**
- Verben mit <u>être</u> oder <u>avoir</u>: ▸ A I, 1.5(8) und **être** (mit Kurztest)
- Verbformen ▸ A I, 2.
- Veränderlichkeit des Partizips Perfekt ▸ **Partizip Perfekt**
- <u>Anwendung:</u> Das <u>passé composé</u> wird für Handlungen und Vorgänge verwendet, die meist nur kurze Zeit in Anspruch nehmen und dadurch rasch <u>abgeschlossen</u> sind. (Hilfsfrage: Was geschah?) Es steht dementsprechend besonders:

  (a) bei der Abfolge mehrerer Handlungen/Vorgänge: Il faisait nuit. Le type <u>a crié</u> quelque chose aux autres, <u>a remis</u> son revolver dans sa poche et puis <u>ils sont partis</u> en voiture. (Es war Nacht. [Was war?] Der Typ [Kerl] hat den anderen etwas zugerufen, hat seinen Revolver wieder in die [seine] Tasche gesteckt, und dann sind sie [mit dem Auto] weggefahren. – Was geschah?)

  Im Deutschen verwendet man in einem entsprechenden Erzähltext anstelle des Perfekts auch gern das <u>imparfait</u> (einfache Vergangenheit): Der Typ (Kerl) <u>rief</u> den anderen etwas zu, <u>steckte</u> seinen Revolver wieder in die (seine) Tasche, und dann <u>fuhren</u> sie (mit dem Auto) weg.

  (b) wenn gerade ablaufende Handlungen/Vorgänge

(Was war?: Imperfekt! vgl. **imparfait**) plötzlich durch einen anderen Vorgang unterbrochen werden (Was geschah?: Perfekt): Nous prenions notre petit déjeuner quand notre voisine a poussé un cri. (Wir frühstückten [gerade, Was war?], als unsere Nachbarin [plötzlich] einen Schrei ausstieß [wörtl.: ausgestoßen hat]. – Was geschah?) – Vgl. auch **imparfait**

Kurztest (Anwendung) ▸ A II, KT 31

passé simple (Sonderform der Vergangenheit)

Les deux hommes suspects montèrent l'escalier à la hâte, ouvrirent la porte de la chambre 117 et y entrèrent sans mot dire. (Die beiden verdächtigen Männer gingen eilig die Treppe hinauf, öffneten die Tür des Zimmers 117 und gingen [dort] hinein, ohne ein Wort zu sagen.)

- Gebrauch: Das passé simple entspricht im Gebrauch dem Perfekt. (Zusammengesetzte Vergangenheit, z. B.: Elle est arrivée. / Sie ist angekommen.) Beide Zeiten werden für Handlungen und Vorgänge verwendet, die meist nur kurze Zeit in Anspruch nehmen und dadurch rasch abgeschlossen sind (Hilfsfrage: Was geschah?)

  Schriftsprache/Erzählung: Das passé simple wird in der Regel nur noch in der Schriftsprache und hier vorwiegend in erzählenden Texten, Textabschnitten oder Textpassagen, nicht aber in der direkten Rede gebraucht. Da es nach wie vor, sogar in der modernen Unterhaltungsliteratur, die übliche Zeitform des Erzählens ist, muss man diese Formen, besonders die 3. Person Einzahl und Mehrzahl (il/elle, ils/elles). beim Lesen verstehen können. Man braucht sie aber nicht selbst anwenden zu können.

- Die Verbformen des passé simple bei den regelmäßigen Verben und den besonders häufig gebrauchten unregelmäßigen Verben sind im Anhang I, Abschnitt 2.7 aufgeführt.

Passiv

Deux des terroristes ont été vus à Londres. (Zwei der Terroristen sind in London gesehen worden.)

- Gebrauch: Das Passiv drückt aus, was mit Personen oder Dingen geschieht und wird besonders dann gebraucht, wenn es nicht bekannt oder für den Hörer/Leser unwichtig ist, wer eine Handlung ausgeführt hat: Plusieurs participants de la manifestation ont été arrêtés. (Mehrere Teilnehmer der Demonstration sind verhaftet worden.) Wenn man Ausführende der Handlung angeben möchte, kann man sie mit par (von) anschließen: Mme Rochard est soignée par sa nièce. (Mme Rochard wird von ihrer Nichte betreut/gepflegt.)
- Bildung: Das Passiv wird im Deutschen mit dem Hilfsverb werden, im Französischen mit être gebildet: Les deux hommes sont interrogés. (Die beiden Männer werden verhört [wörtl.: sind verhört].)

Zeitenkurzübersicht ▸ A I, 2.6

Perfekt

▸ **passé composé**

Personalpronomen: me, te, ... (unbetont) (persönliches Fürwort)

Je le sais bien. (Ich weiß es wohl. / Das weiß ich wohl.)

• **1.** Übersicht über die unbetonten Personalpronomen

Wer?	Wem?	Wen?
je (ich)	me (mir)	me (mich)
tu (du)	te (dir)	te (dich)
il (er/es)	lui (ihm)	le (ihn/es)
elle (sie)	lui (ihr)	la (sie)
nous (wir)	nous (uns)	nous (uns)
vous (ihr/Sie)	vous (euch/Ihnen)	vous (euch/Sie)
ils (sie)	leur (ihnen)	les (sie)
elles (sie)	leur (ihnen)	les (sie)

Beachten: Die Personalpronomen in der 3. Person, also il/lui/le, elle/lui/la, ils und elles entsprechen nur dann den in Klammern hinzugefügten deutschen Übersetzungen, wenn die dazugehörigen Hauptwörter in beiden Sprachen das gleiche Geschlecht haben. Das ist oft nicht der Fall, z. B.: la fille (das Mädchen): Elle est très sympathique. (Es ist sehr sympathisch.) Je la rencontre dans la rue tous les matins. (Ich treffe es jeden Morgen auf der Straße.) Je lui dis toujours bonjour. (Ich sage ihm immer Guten Tag.)

• **2.** Stellung der Personalpronomen

Das unbetonte Personalpronomen steht:

(a) vor der Verbform, bei zusammengesetzten Verbformen vor dem Hilfsverb:

– Tu as vu mes clés? Je les égare toujours. (Hast du meine Schlüssel gesehen? Ich verlege sie immer.
– Je lui ai donné un bon conseil. (Ich habe ihm/ihr einen guten Rat gegeben.)

(b) bei einer Verbform mit nachfolgendem Infinitiv (Grundform des Verbs) in der Regel vor dem Infinitiv:

– Je ne peux pas les trouver. (Ich kann sie nicht finden.)

– J'ai décidé de le lui dire. (Ich habe beschlossen, es ihm zu sagen.)

(c) bei Verneinung an der gleichen Stelle, also vor der Verbform (vgl. (a)) oder vor dem Infinitiv (vgl. (b)):

– Je ne le pense pas. (Ich glaube es nicht.)
– Jean ne les a pas vu(e)s. (Jean hat sie nicht gesehen.)
– Simone n'ose plus les déranger. (Simone wagt nicht mehr, sie zu stören.)

Das ne steht vor dem Verb, Hilfsverb oder dem Infinitiv vorangehenden Verb, das pas (oder ein anderes zweites Verneinungselement, z. B. plus) hinter dem Verb, Hilfsverb oder vorangehenden Verb. – Vgl. auch **ne … pas**

(d) bei verneintem Imperativ (Befehlsform) an der gleichen Stelle, also vor der Verbform:

– Ne me quitte pas. (Verlass mich nicht.) – Vgl. auch **Imperativ**

(e) bei unverneintem Imperativ (Befehlsform) mit Bindestrich hinter der Verbform (wie im Deutschen). Dabei werden für me und te, wenn sie ganz am Ende der Imperativform stehen, die betonten Formen moi und toi verwendet:

– Apporte-moi le journal, s'il te plaît. (Bring mir bitte [mal] die Zeitung.)
– Aide-toi, le Ciel t'aidera (Sprichwort). (Hilf dir selbst, so hilft dir Gott; wörtl.: Hilf dir, der Himmel wird dir helfen.) – Vgl. auch **Imperativ**

• **3.** Reihenfolge der Personalpronomen, auch in Verbindung mit en (daher, davon) und y (dahin, daran)

(a) Wenn das Verb von zwei Personalpronomen und gegebenenfalls en oder y begleitet wird, muss die Wortabfolge geregelt sein. Sie ist der folgenden Übersicht zu entnehmen (außer im unverneinten Imperativ [Befehlsform], vgl. 3. (b)):

Wem?		Wen?		Wem?		
me (mir) te (dir) se (sich) nous (uns) vous (euch/ Ihnen)	vor	le (ihn/ es) la (sie) les (sie)	vor	lui (ihm/ihr) leur (ihnen)	vor	y, en

Beachten: Die Personalpronomen le, la, les, lui, leur entsprechen nur dann den in Klammern hinzugefügten deutschen Übersetzungen, wenn die dazugehörigen Hauptwörter in beiden Sprachen das gleiche Geschlecht haben (Gegenbeispiel in Abschnitt 1. unter Beachten).

Beispiele für die Wortabfolge:

- Dominique nous les apporte tous les matins. (Dominique bringt sie uns jeden Morgen [wörtl.: alle Morgen]: les petits pains / die Brötchen.)
- Mon père ne me l'a pas envoyé. (Mein Vater hat es mir nicht geschickt: le livre / das Buch.)
- Je vais te la montrer. (Ich werde es dir zeigen: la nouvelle voiture / das neue Auto.)
- Nous n'osons pas le lui prêter. (Wir wagen nicht, sie ihm/ihr zu leihen: le vieux violon / die alte Geige.)
- Ne la lui dites pas. (Sagen Sie sie ihm/ihr nicht: la vérité / die Wahrheit.)

(b) Wortabfolge im unverneinten Imperativ (Befehlsform):

Personalpronomen stehen beim Imperativ mit Bindestrich hinter der Verbform (wie im Deutschen) (vgl. auch 2. (e)). Wird der Imperativ von zwei Pronomen begleitet, dann steht das auf Wen oder was? antwortende Pronomen (le, la, les) direkt hinter der Verbform, also vor dem auf Wem? antwortenden Pronomen; me und te am Ende des Imperativs werden zu moi und toi:

– Explique-la-moi. (Erklär ihn mir: la différence / den Unterschied.)
– Montrez-les-leur. (Zeigen Sie sie ihnen: les documents / die Dokumente.)
– Parlez-m'en. (Erzählen Sie mir davon: du voyage / von der Reise.)

Kurztest ▸ A II, KT 32

Personalpronomen: moi, toi, … (betont) (persönliches Fürwort)

»L'État, c'est moi.« (»Der Staat, das bin ich« – eine die Staatsauffassung Ludwigs XIV. kennzeichnende, oft zitierte Formulierung.)

- Die betonten Personalpronomen haben folgende Formen: moi (ich), toi (du), lui (er), elle (sie), nous (wir), vous (ihr/Sie), eux (sie, männlich), elles (sie, weiblich). – Die von den unbetonten Personalpronomen abweichenden Formen sind also nur: moi, toi, lui (er, nicht zu verwechseln mit der unbetonten Form lui [ihm/ihr]) und eux (sie, männlich).
- Die betonten Personalpronomen werden gebraucht:
  (a) alleinstehend und nach c'est:
  – Qui est là? – (C'est) moi. (Wer ist da? – Ich [bin es].)
  – Qui a fait cela (ça), Roger? – Oui, (c'est) lui. (Wer hat das gemacht, Roger? – Ja, er.
  (b) nach Präpositionen, z. B.: avec (mit), sans (ohne), pour (für):

– Tu viens avec moi? – Avec toi? Volontiers. (Kommst du mit mir? – Mit dir? Gern.)
– Sylvie est arrivée avant eux. (Sylvie ist vor ihnen angekommen.)

(c) zur Betonung/Hervorhebung. Dabei müssen in der 1. und 2. Person die mit dem Verb verbundenen, unbetonten Personalpronomen (je, tu, nous, vous) stehen bleiben; in der 3. Person fallen sie meist weg:

Moi, je le sais. (Ich weiß es.)
Toi, tu le sais. (Du weißt es.)
Lui le sait. (Er weiß es.)
Elle le sait. (Sie weiß es.)
Nous, nous le savons. (Wir wissen es.)
Vous, vous le savez. (Ihr wisst es. / Sie wissen es.)
Eux le savent. (Sie wissen es.)
Elles le savent. (Sie wissen es.)

- Betonte Personalpronomen können auch durch mit Bindestrich angehängtes même/mêmes (selbst) verstärkt werden: Lui-même a fermé la porte à clé. (Er selbst hat die Tür zugeschlossen [wörtl.: mit (dem) Schlüssel geschlossen].)

Kurztest ▸ A II, KT 33

peu de (wenig, wenige)

Cela (Ça) ne prend que peu de temps. (Das geht ganz schnell [wörtl.: Das nimmt nur wenig Zeit (in Anspruch].)

- Wie bei fast allen Mengenausdrücken wird auch bei peu de das nachfolgende Nomen (Hauptwort) immer mit de ohne Artikel (Geschlechtswort: le, la, les) angeschlossen: Il y a peu de pommes cette année. (Es gibt [nur] wenig Äpfel dieses Jahr.) – Vgl. **Mengenausdrücke**

plaindre: se plaindre de qc (sich über etwas beklagen, beschweren)

Gegenwartsformen: je me plains (ich beklage mich, ich beschwere mich), tu te plains, il/elle se plaint, nous nous plaignons, vous vous plaignez, ils/elles se plaignent.
Zeiten ▸ A I, 3. – Verbendungen ▸ A I, 2.

plaire: se plaire (sich gefallen, gern irgendwo sein)

Gegenwartsformen: je me plais (ich gefalle mir), tu te plais, il/elle se plaît, nous nous plaisons, vous vous plaisez, ils/elles se plaisent.
Redewendung: Nous nous plaisons en Bretagne. (Es gefällt uns [gut] in der Bretagne [wörtl.: Wir gefallen uns in der Bretagne].)
Zeiten ▸ A I, 3. – Verbendungen ▸ A I, 2.

Pluralbildung (Mehrzahlbildung)

Mon amie a les cheveux blonds. (Meine Freundin hat blonde Haare.)

- Die Mehrzahl von Hauptwörtern wird in der Regel durch Anhängen von -s an die Einzahl gebildet: l'homme / les hommes (die Männer), la femme / les femmes (die Frauen).
- Hauptwörter, die auf -s, -x und -z enden, bekommen kein besonderes Mehrzahlzeichen: le bras / les bras (die Arme), le prix / les prix (die Preise), le nez / les nez (die Nasen).
- Wörter auf -(e)au und -eu bilden die Mehrzahl in der Regel auf -x: le tableau / les tableaux (die Bilder), le bureau / les bureaux (die Büros), le jeu / les jeux (die

Spiele), le feu / les feux (die Feuer); aber: le pneu / les pneus (die Reifen) – ebenso auf -x (als Ausnahmen): le bijou / les bijoux (die Juwelen), le genou / les genoux (die Knie), le caillou / les cailloux (die Kiesel[steine]), le pou / les poux (die Läuse).

- Wörter auf -al haben in der Regel die Endung -aux in der Mehrzahl: le cheval / les chevaux, le journal / les journaux; aber: le festival / les festivals (die Festspiele).
- Sonderformen: le travail / les travaux (die Arbeiten), l'œil / les yeux (die Augen), l'œuf / les œufs (die Eier; in der Mehrzahl wird das -f- nicht ausgesprochen).

Kurztest ▸ A II, KT 34

plus-que-parfait

(Plusquamperfekt/Vorvergangenheit)

Quand j'avais terminé mon travail, je me suis couché(e). (Als ich meine Arbeit beendet hatte, bin ich schlafen gegangen.)

- Die Vorvergangenheit wird für Handlungen oder Vorgänge verwendet, die vor einem bestimmten Zeitpunkt in der Vergangenheit stattgefunden haben.
- Verbformen ▸ A I, 2.

Possessivbegleiter und Possessivpronomen

(besitzanzeigende Begleitwörter und Fürwörter)

Ce sont tes clés? – Oui, ce sont les miennes.

- **1.** Possessivbegleiter

  Possessivbegleiter gehen einem Hauptwort voraus und drücken Besitz oder Zugehörigkeit aus. Sie umfassen folgende Formen:

Einzahl/männlich	Einzahl/weiblich	Mehrzahl/ (männl., weibl.)
mon père (mein Vater) ton père (dein Vater) son père (sein/ihr Vater) notre père (unser Vater) votre père (euer/Ihr Vater) leur père (ihr Vater)	ma mère (meine Mutter) ta mère (deine Mutter) sa mère (seine/ihre Mutter) notre mère (unsere Mutter) votre mère (eure/Ihre Mutter) leur mère (ihre Mutter)	mes parents (meine Eltern) tes parents (deine Eltern) ses parents (seine/ihre Eltern) nos parents (unsere Eltern) vos parents (eure/Ihre Eltern) leurs parents (ihre Eltern)

- Possessivbegleiter richten sich in Geschlecht und Zahl nach dem Hauptwort, dem sie vorausgehen. Dementsprechend haben, z. B. wenn man von Bruder und Schwester spricht, son, sa, ses im Deutschen zwei Bedeutungen: sein(e) und ihr(e). Beispiele: Da der Vater männlich ist, muss es »son père« heißen, egal ob ich von Bruder oder Schwester spreche (sein Vater, ihr Vater). Ebenso: sa mère (seine Mutter, ihre Mutter), ses parents (seine Eltern, ihre Eltern).

Übersicht über die Possessivpronomen

le mien	la mienne	les miens
le tien	la tienne	les tiens
le sien	la sienne	les siens
le nôtre	la nôtre	les nôtres
le vôtre	la vôtre	les vôtres
le leur	la leur	les leurs

- Vor weiblichen Hauptwörtern und Eigenschaftswörtern, die mit Vokal (Selbstlaut) oder stummem h- beginnen, wird mon, ton, son anstelle von ma, ta, sa gebraucht:
  - mon amie, ton amie, son amie (meine, deine, seine/ihre Freundin).
  - mon ancienne patronne, ton ancienne patronne, son ancienne patronne (meine, deine, seine/ihre ehemalige Chefin).
  - mon habitude, ton habitude, son habitude (meine, deine, seine (ihre) Gewohnheit.
- **2.** Possessivpronomen

  Wenn man die Wiederholung eines Hauptworts mit Possessivbegleiter vermeiden möchte, kann man es durch das entsprechende Possessivpronomen ersetzen:

  C'est ton chien? – Oui, c'est le mien. (Ist das dein Hund? – Ja, das ist meiner [wörtl.: der meinige].)

  Die Possessivpronomen haben, wie regelmäßige Eigenschaftswörter, jeweils vier Formen (männlich Einzahl, weiblich Einzahl, männlich Mehrzahl, weiblich Mehrzahl).

Kurztest ▸ A II, KT 35

les miennes	(meiner / der meinige, usw.)
les tiennes	(deiner / der deinige, usw.)
les siennes	(seiner / der seinige, ihrer / der ihrige, usw.)
les nôtres	(unserer / der unsrige, usw.)
les vôtres	(eurer / der eurige, Ihrer / der Ihrige, usw.)
les leurs	(ihrer / der ihrige, usw.)

pouvoir (können)

Gegenwartsformen: je peux (ich kann), tu peux, il/elle peut, nous pouvons, vous pouvez, ils/elles peuvent.
Zeiten ▸ A I, 3. – Verbendungen ▸ A I, 2.

Präsens

▸ **présent**

prendre (nehmen)

Gegenwartsformen: je prends (ich nehme), tu prends, il/elle prend, nous prenons, vous prenez, ils/elles prennent.
Zeiten ▸ A I, 3. – Verbendungen ▸ A I, 2.

présent (Präsens/Gegenwart)

Une hirondelle ne fait pas le printemps (Sprichwort). (Eine Schwalbe macht noch keinen Sommer [wörtl.: macht nicht den Frühling].)
Verbformen ▸ A I, 1. und 2.

Q

que? / qu'est-ce que?, qu'est-ce qui? (was?)

Que voulez-vous? Répondez. Qu'est-ce que vous voulez? (Was wollen Sie? Antworten Sie. Was wollen Sie?)

- que? (was?) fragt nach einer Satzergänzung (Hilfsfrage: Wen oder was?). Das kann man daran erkennen, dass in dem Fragesatz ein bestimmter Satzgegenstand (Wer oder was?) angegeben wird: Que cherche Marc? (Was sucht Marc? Wer? – Marc.) In der que-Frage geht das Verb dem Satzgegenstand voraus: Que font Serge et Murielle? (Was machen Serge und Murielle?)
- qu'est-ce que?: Durch die an que angefügte Frageformel est-ce que entsteht das genauso wie que nach einer Satzergänzung fragende qu'est-ce que? (was?). In der mit qu'est-ce que eingeleiteten Frage steht der Satzgegenstand (Wer oder was?) vor dem Verb (wie im Aussagesatz): Qu'est-ce que Marc cherche? (Was sucht Marc? [wörtl.: Was ist es, das Marc sucht?])
- qu'est-ce qui? (was?) fragt nach dem Satzgegenstand (Hilfsfrage: Wer oder was?). Das erkennt man daran, dass in dem Fragesatz hinter qu'est-ce qui kein Satzgegenstand zu finden ist: Qu'est-ce qui est arrivé? (Was ist passiert/geschehen? [wörtl.: Was ist es, das passiert/geschehen ist?]) Da est arrivé kein Satzgegenstand sein kann, übernimmt das nach dem Satzgegenstand fragende qu'est-ce qui? die Funktion des Satzgegenstandes.
- Sonderformulierungen: Qu'est-ce que c'est? (Was ist das?) – Qu'est-ce qu'un ermite? (Was ist ein Eremit/Einsiedler?) Oder (umgangssprachlich): Qu'est-ce que c'est qu'un ermite? (Was ist ein Eremit/Einsiedler?) – Que faire? (Was tun?)

Vgl. auch **quoi?**
Kurztest ▸ A II, KT 36

que … (den/die/das …, Relativpronomen)

Paul Verlaine est le poète que j'aime le plus. (Paul Verlaine ist der Dichter, den ich am meisten liebe.)
▸ **Relativpronomen: qui, que, dont**

que (wie, im Vergleich)

▸ **aussi … que**

Que …! (Wie …! im Ausruf)

Que c'est beau! (Wie ist das [so] schön!)
- Que …! (Wie …!) am Anfang eines Satzes kann einen Ausruf einleiten, der eine gefühlsmäßige Reaktion (z. B. Freude, Bewunderung, Erstaunen, Ärger) zum Ausdruck bringt. Dabei steht nach Que …! der Satzgegenstand (Wer oder was?) vor dem Verb (wie im Aussagesatz): Que le temps passe vite! (Wie schnell die Zeit vergeht!)
- Anstelle von Que …! kann auch Comme …! (Wie …!) einen Ausrufesatz einleiten: Comme c'est beau! (Wie ist das [so] schön!) Comme le temps passe vite! (Wie schnell die Zeit vergeht!)

Kurztest ▸ A II, KT 37

quel?/quelle?, lequel?/ laquelle? (welcher?/welche?/welches?)

Quelle solution proposez-vous? – Laquelle je propose … C'est difficile à dire. (Welche Lösung schlagen Sie vor? – Welche ich vorschlage … Das ist schwer zu sagen.)

- **1.** quel?/quelle? (welcher?/welche?/welches?) hat als Fragebegleiter, wie ein regelmäßiges Eigenschaftswort, vier Formen: quel, quelle, quels, quelles. Es steht in der Regel (a) direkt vor seinem Beziehungswort, kann aber auch (b) getrennt von ihm stehen:
  (a) Quel fromage préférez-vous? (Welchen Käse ziehen Sie vor?)
  (b) Quelle est la meilleure méthode? (Welches/Was [wörtl.: Welche] ist die beste Methode?)
- **2.** lequel?/laquelle? (welcher?/welche?/welches?) hat wie quel vier Formen: lequel, laquelle, lesquels, lesquelles. Es wird anstelle von quel + Hauptwort gebraucht, wenn bekannt ist, worüber gesprochen wird:
  - Quel vin me recommandez-vous? / Lequel me recommandez-vous? (Welchen Wein empfehlen Sie mir? / Welchen empfehlen Sie mir?)
  - Quelle voiture préfères-tu? / Laquelle préfères-tu? (Welches Auto ziehst du vor? / Welches ziehst du vor?)
  - Quels livres a-t-elle achetés? / Lesquels a-t-elle achetés? (Welche Bücher hat sie gekauft? / Welche hat sie gekauft?)
  - Quelles chansons avez-vous choisies? / Lesquelles avez-vous choisies? (Welche Lieder haben Sie ausgesucht? / Welche haben Sie ausgesucht?)
- **3.** quel?/quelle? und lequel?/laquelle? können auch mit Präpositionen (z. B.: de, à, avec) gebraucht werden: De quelle affaire parlez-vous? (Von welcher Angelegenheit sprecht ihr / sprechen Sie?) Dabei muss man darauf achten, dass de + le zu du, de + les zu des, à + le zu au, und à + les zu aux zusammengezogen werden. Wenn beispielsweise die Rede von Wein (le vin), CDs (les disques, männlich) und Liedern (les chansons, weiblich) ist, würden Fragen mit de und à nach

diesen Beziehungswörtern zu folgenden Frageformulierungen führen:

- Duquel/Desquels/Desquelles s'agit-il? (Um welchen/welche/welche handelt es sich? – Il s'agit de qc / es handelt sich um etwas.)
- Auquel/Auxquels/Auxquelles vous intéressez-vous? (Für welchen/welche/welche interessieren Sie sich? – S'intéresser à qc / sich für etwas interessieren.)

• Redewendungen mit abweichenden deutschen Entsprechungen für quel:

- Quel jour sommes-nous aujourd'hui? (Was für einen Tag haben wir heute? [wörtl.: Welchen Tag sind wir heute?])
- Quel âge as-tu? (Wie alt bist du? [wörtl.: Welches Alter hast du?])
- Quel est votre nom? (Wie heißen Sie? [wörtl.: Welches ist Ihr Name?])
- Quelle heure est-il? (Wieviel Uhr ist es? [wörtl.: Welche Stunde ist es?])
- Quelle est votre adresse? (Wie [wörtl.: Welche] ist Ihre Adresse/Anschrift?)
- Quelle surprise! (Was für eine [wörtl.: Welche] Überraschung!)

Kurztest ▸ A II, KT 38

quelque chose de beau (de terrible, d'important, ...) (etwas Schönes, Schreckliches, Wichtiges, ...)

Je viens de voir quelque chose de drôle. (Ich habe gerade etwas Lustiges gesehen.)

• Nach quelque chose (etwas) wird die männliche Form eines Adjektivs (Eigenschaftswort) mit de angeschlossen: quelque chose de bon (etwas Gutes) – quelque chose de mauvais (etwas Schlechtes) – quelque chose d'agréable (etwas Angenehmes) – quelque chose de désagréable (etwas Unangenehmes) – quelque chose de dangereux (etwas Gefährliches) – quelque chose de merveilleux (etwas Wunderbares).

qui? / qui est-ce qui?, qui est-ce que?

(wer?, wen?)

Tu penses qu'il réussira? – Qui sait? (Glaubst du, dass er Erfolg haben wird? – Wer weiß?)

- qui? (wer?) und qui est-ce qui? (wer? [wörtl.: wer ist es, der?]) vertreten den Satzgegenstand und gehen damit dem Verb voraus:
  - Qui (Qui est-ce qui) a fait ça (cela)? (Wer hat das gemacht?)
  - Qui (Qui est-ce qui) peut nous aider? (Wer kann uns helfen?)
- Nach qui est-ce que? (wen? [wörtl.: wer ist es, den?]) folgt als Erstes der Satzgegenstand (wer?):
  - Qui est-ce que tes parents ont invité? (Wen haben deine Eltern eingeladen?)
  - Qui est-ce que Jean-Yves a rencontré par hasard? (Wen hat Jean-Yves zufällig getroffen?)
- Durch die Verbindung von Präpositionen (z. B.: de, à, avec, pour) mit qui entstehen weitere Möglichkeiten der Fragebildung:
  - De qui avez-vous parlé? (Von wem habt ihr gesprochen?)
  - À qui est-ce que M. Lambert a montré sa collection de timbres? (Wem hat M. Lambert seine Briefmarkensammlung gezeigt?)
  - Avec qui est-ce que Maryvonne a fait ce voyage? (Mit wem hat Maryvonne diese Reise gemacht?)
  - À qui le dites-vous? (Wem sagen Sie das [wörtl.: es]?)

Beachten: Manche französischen Verben schließen das Objekt (Wem? Wen?) anders an als die entsprechenden deutschen Verben. Beispiele:

- aider qn (jdm. [wörtl.: jdn.] helfen: Qui est-ce que Gilbert a aidé? (Wem [wörtl.: Wen?] hat Gilbert geholfen?) – Vgl. **aider qn**
- demander à qn (jdn. [wörtl.: jdm.] fragen: À qui avez-vous demandé? (Wen [wörtl.: Wem] haben Sie gefragt?) – Vgl. **demander à qn**

Kurztest ▸ A II, KT 39

qui (…, der/die/das …, Relativpronomen)

Renoir est le peintre qui me plaît le plus. (Renoir ist der Maler, der mir am besten [wörtl.: am meisten] gefällt.)

▸ **Relativpronomen: qui, que, dont**

quoi? (was?)

De quoi s'agit-il? (Worum [wörtl.: Um was] handelt es sich? / Worum geht es?)

- Nach Präpositionen (z. B.: de, à, avec) wird das deutsche was? mit quoi? wiedergegeben:
  - De quoi avez-vous parlé? (Wovon [wörtl.: Von was] habt ihr gesprochen?)
  - À quoi penses-tu? (Woran [wörtl.: An was] denkst du?)
  - À quoi est-ce que ton amie s'intéresse? (Wofür [wörtl.: Für was] interessiert sich deine Freundin?)
- Auch für das Erstaunen ausdrückende Was? (ohne nachfolgendes Verb) wird Quoi? verwendet: Quoi? Vous vous êtes perdu(e)s en plein jour? (Was? Ihr habt euch am helllichten Tag verirrt?)

Vgl. auch **que? / qu'est-ce que?, qu'est-ce qui?**

R

reflexive Verben (rückbezügliche Verben)

Ableitungsmodell und Präsens (Gegenwart) ▸ A I, 1.4
Veränderlichkeit des Partizips Perfekt ▸ **être**
Zeitenkurzübersicht ▸ A I, 2.5

Relativpronomen: qui, que, dont (der/die/das [welcher/welche/welches] ...)

Le monsieur qui vient d'entrer est le scientifique dont la photo est dans le journal aujourd'hui. (Der Herr, der gerade hereingekommen ist, ist der Wissenschaftler, dessen Foto/Bild [wörtl.: wovon das Foto/Bild] heute in der Zeitung ist.)

- Relativsätze geben Erläuterungen zu vorausgehenden Satzteilen. Sie werden durch Relativpronomen eingeleitet. Von den am häufigsten gebrauchten Relativpronomen qui, que und dont gibt es jeweils nur diese eine Form für Personen und Sachen, männlich und weiblich, Einzahl und Mehrzahl.
- **1.** qui vertritt einen Satzgegenstand (Wer oder was?) (ein Subjekt):
  – Les jumeaux qui jouent devant la maison sont les enfants de ma sœur. (Die Zwillinge, die vor dem Haus spielen, sind die Kinder meiner Schwester. Wer? – ... qui jouent devant la maison.)
  – Ce sont des outils qui coûtent très chers. (Das sind Werkzeuge, die sehr teuer sind.)
- **2.** qu(e) vertritt eine auf »Wen oder was?« antwortende Satzergänzung (ein direktes Objekt):
  – La dame que nous avons vue tout à l'heure est mon ancien professeur d'anglais. (Die Dame, die wir vor-

hin gesehen haben, ist meine ehemalige Englischlehrerin. – Wen? – … que nous avons vue.)
- Comment trouves-tu la voiture qu'Alain a achetée? (Wie findest du das Auto, das Alain gekauft hat?)

• **3.** Präposition + qui: Durch die Verbindung von Präpositionen (z. B.: à, avec, chez, de, pour, par) und qui lassen sich viele weitere Relativsätze bilden, die sich auf Personen beziehen:
- Ce sont les voisins à qui nous avons vendu notre terrain. (Das sind die Nachbarn, denen wir unser Grundstück verkauft haben. Wem? – … à qui …)
- … avec qui nous avons été en Égypte. (…, mit denen wir in Ägypten gewesen sind.)
- … chez qui nous avons habité quelques années. (…, bei denen wir einige Jahre gewohnt haben.)
- … par qui nous avons été invités au mariage de leur fille. (…, von denen wir zur Hochzeit ihrer Tochter eingeladen worden sind.)

• **4a.** dont vertritt die deutschen Relativpronomen dessen/deren:
- J'ai rencontré vos amis russes dont je ne peux pas retenir le nom. (Ich habe eure russischen Freunde getroffen, deren Namen ich nicht behalten kann [wörtl.: …, wovon ich den Namen nicht behalten kann].)
- Vous êtes la dame dont la voiture a été abîmée? (Sind Sie die Dame, deren Auto beschädigt worden ist? [wörtl.: …, wovon das Auto beschädigt worden ist?])

Wenn man den mit dessen/deren eingeleiteten deutschen Relativsatz gedanklich mit wovon (Grundbedeutung von dont) umformuliert, ist die Bildung eines entsprechenden französischen Relativsatzes mit dont völlig unproblematisch.

• **4b.** dont vertritt auch eine Satzergänzung mit de nach Verben (z. B. discuter de qc / über etwas diskutieren, sprechen) und Adjektiven (z. B. être responsable de qc [qn] / für etwas [jdn.] verantwortlich sein):

– Nous avons discuté de plusieurs problèmes. / Les problèmes dont nous avons discuté ne seront pas faciles à résoudre. (Wir haben über mehrere Probleme diskutiert [gesprochen]. / Die Probleme, über die wir diskutiert [gesprochen] haben, werden nicht leicht zu lösen sein.)

Kurztest ▸ A II, KT 40

Relativpronomen: lequel, laquelle, lesquels, lesquelles (welcher/welche/welches …)

La Terre sur laquelle nous vivons souffre du réchauffement climatique. (Die Erde, auf der wir leben, leidet an der Klimaerwärmung.)

- Neben den Relativpronomen qui, que, dont gibt es das Relativpronomen lequel, laquelle, lesquels, lesquelles, das als schwerfällig empfunden wird und daher nur dort gebraucht werden sollte, wo es verwendet werden muss.

(a) Wenn auf eine Präposition (z. B.: à, de, avec, dans) ein Relativpronomen folgt, das sich auf eine Sache bezieht, muss lequel/laquelle, lesquels, lesquelles stehen: Das Haus, in dem ich wohne, stammt von 1929. Auf die Präposition in folgt das Relativpronomen dem, das sich auf Haus (eine Sache) bezieht:

– La maison dans laquelle j'habite date de 1929.

Dabei muss man daran denken, dass de + le zu du (duquel), de + les zu des (desquels/desquelles), à + le zu au (auquel) und à + les zu aux (auxquels/auxquelles) zusammengezogen werden:

– Voici le vin (les disques / les chansons) duquel (desquels/desquelles) il s'agit. (Hier ist [sind] der Wein [die CDs / die Lieder], um den [die] es sich handelt.)

Anstelle von duquel, de laquelle, desquels, desquelles empfiehlt sich die Verwendung des kürzeren und eleganteren dont (vgl. **Relativpronomen: qui, que, dont** / 4.(b)):

- Voici le vin (les disques / les chansons) dont il s'agit (Übersetzung wie oben). Diese Wahl zwischen zwei Möglichkeiten gibt es nicht bei auquel, à laquelle, auxquels, auxquelles:
- Voici le vin (les disques / les chansons) auquel (auxquels/auxquelles) vous vous intéressez. (Hier ist [sind] der Wein [die CDs / die Lieder], für die Sie sich interessieren.)

(b) Wenn dessen/deren zwischen einer Präposition (z. B.: an, in, mit) und einem Hauptwort steht, muss es mit nachgestelltem duquel, de laquelle, desquels, desquelles übersetzt werden, je nach Geschlecht und Zahl des Beziehungswortes: Das ist M. Brun, in dessen Haus wir wohnen; dessen steht zwischen der Präposition in und dem Hauptwort Haus und bezieht sich auf M. Brun (männlich, Einzahl: duquel):

- C'est M. Brun dans la maison duquel nous habitons (wörtl.: Das ist M. Brun, in dem Haus dessen wir wohnen).
- Ce sont Mme Bidot et sa sœur dans la maison desquelles nous habitons. (Das sind Mme Bidot und ihre Schwester, in deren Haus wir wohnen; wörtl.: …, in dem Haus derer wir wohnen.)

Kurztest ▸ A II, KT 41

rire (lachen)

Gegenwartsformen: je ris (ich lache), tu ris, il/elle rit, nous rions, vous riez, ils/elles rient.

Zeiten ▸ A I, 3. – Verbendungen ▸ A I, 2.

S

savoir (1. wissen; 2. können, im Sinne von: gelernt haben)

Gegenwartsformen: je sais (ich weiß / ich kann), tu sais, il/elle sait, nous savons, vous savez, ils/elles savent.
Zeiten ▸ A I, 3. – Verbendungen ▸ A I, 2.

si (vor il[s]: s'il[s]) (wenn)

▸ **Konditionalsatz**

sortir (hinausgehen, ausgehen)

Gegenwartsformen: je sors (ich gehe hinaus, ich gehe aus), tu sors, il/elle sort, nous sortons, vous sortez, ils/elles sortent.
Zeiten ▸ A I, 3. – Verbendungen ▸ A I, 2.

Steigerung des Adjektivs (z. B.: groß – größer – der/die/das größte)

Il faut être plus prudent. (Man muss vorsichtiger sein.)

- Informationen zu Funktion, Formen, Sonderformen und Stellung des Adjektivs sind unter dem Stichwort **Adjektiv** (Eigenschaftswort) zu finden.
- Adjektive können gesteigert werden (z. B.: schnell – schneller – der/die/das schnellste). Die erste Steigerungsform ist der Komparativ. Er wird gebildet, indem man plus (mehr) vor das Adjektiv setzt:
  – Cet appartement est plus grand (que l'autre). (Diese Wohnung ist größer [als die andere].)

- Cette ville est plus grande (que l'autre). (Diese Stadt ist größer [als die andere].)

• Die höchste Steigerungsform ist der Superlativ. Er wird gebildet, indem man le, la oder les vor den jeweiligen Komparativ setzt:

- Cet appartement est le plus grand (de tous, Aussprache: /tus/). (Diese Wohnung ist die größte [von allen].)
- Cette ville est la plus grande (de toutes). (Diese Stadt ist die größte [von allen].)
- Ces villes sont les plus grandes (de toutes). (Diese Städte sind die größten [von allen].)

• Manche Adjektive stehen in der Regel vor, andere hinter dem Beziehungswort (vgl. Stichwort **Adjektiv**/ Stellung). Der Superlativ des Adjektivs folgt diesem üblichen Gebrauch. Aber: Bei normalerweise vorangehenden (z. B. kurzen) Adjektiven wie »grand« kann er vor oder hinter dem Hauptwort stehen:

- C'est le plus grand appartement (de tous). / C'est l'appartement le plus grand (de tous). (Das ist die größte Wohnung [von allen].)
- C'est le livre le plus intéressant (de tous). (Das ist das interessanteste Buch [von allen].)

• Der Superlativ kann auch gebildet werden, indem man anstelle von le, la oder les Possessivbegleiter (z. B.: mon, ma, mes / mein) vor den Komparativ setzt:

- C'est mon plus beau cadeau. Oder: C'est mon cadeau le plus beau. (Das ist mein schönstes Geschenk.)

• Im Französischen kann man Adjektive auch ›steigern‹, indem man beim Komparativ moins (weniger) und beim Superlativ le/la/les moins (der/die/das am wenigsten) vor das Adjektiv setzt:

- Cet appartement est moins grand (que l'autre). (Diese Wohnung ist weniger groß [als die andere].)

– Ces villes sont les moins grandes (de toutes). (Diese Städte sind die am wenigsten großen [von allen].)

- Sonderformen:
  (1) bon/bonne (gut) – meilleur/meilleure (besser) – le meilleur / la meilleure, les meilleur(e)s (der/die/das beste, die besten):
  – C'est la meilleure solution. (Das ist die beste Lösung.)
  (2) mauvais/mauvaise (Bedeutung: schlimm) – pire (schlimmer) – le/la pire, les pires (der/die/das schlimmste, die schlimmsten):
  – L'incertitude est pire que tout. (Die Ungewissheit ist schlimmer als alles [andere].)
  Aber: mauvais (Bedeutung: schlecht) wird regelmäßig gesteigert:
  – Ce film est plus mauvais (que l'autre). (Dieser Film ist schlechter [als der andere].)
- Beim Vergleich zwischen zwei Sachen oder Personen steht aussi … que (genauso / ebenso … wie):
  – Ces pneus sont aussi bons que les autres. (Diese Reifen sind genauso/ebenso gut wie die anderen.) – Vgl. auch **aussi … que**

Kurztest ▸ A II, KT 42

Steigerung des Adverbs (z. B.: schnell laufen – schneller laufen – am schnellsten laufen)

Il faut que tu traverses la rue plus prudemment. (Du musst die Straße vorsichtiger überqueren; wörtl.: Es ist nötig, dass du …)

- Informationen zu Funktion, Bildung und Sonderformen des Adverbs sind unter dem Stichwort **Adverb** (hier: handlungsbeschreibendes Wort) zu finden.

- Adverbien können, wie Adjektive, gesteigert werden (z. B.: schön singen – schöner singen – am schönsten singen). Die erste Steigerungsform ist der Komparativ. Er wird gebildet, indem man plus (mehr) vor das Adverb setzt:
  – Edmond marche plus lentement (que Jean-Luc). (Edmond geht weniger langsam [= schneller] [als Jean-Luc].)
- Die höchste Steigerungsstufe ist der Superlativ. Er wird gebildet, indem man le vor den Komparativ setzt:
  – Olivier marche le plus lentement (de tous, Aussprache: /tus/). (Olivier geht am wenigsten langsam [= am schnellsten] [von allen].)

  Im Französischen kann man Adverbien, wie Adjektive, auch ›steigern‹, indem man statt plus und le plus moins (weniger) und le moins (am wenigsten) vor das Adverb setzt:
  – Edmond marche moins lentement (que Jean-Luc). (Edmond geht weniger langsam [= schneller] [als Jean-Luc].)
  – Olivier marche le moins lentement. (Olivier geht am wenigsten langsam [= am schnellsten].)
- Sonderformen:

  (1) bien (gut) – mieux (besser) – le mieux (am besten):
  – Tu joues au tennis? – Moi non. Mais mes deux frères jouent bien, ma sœur joue mieux (qu'eux) et mon père joue le mieux (de tous). (Spielst du Tennis? – Ich nicht. Aber meine Brüder spielen gut, meine Schwester spielt [noch] besser [als sie], und mein Vater spielt am besten [von allen].)

  (2) beaucoup (viel, sehr) – plus (Aussprache: /plys/, mehr) – le plus (Aussprache: /plys/, am meisten):
  – Bruno a travaillé plus que les autres. (Bruno hat mehr als die anderen gearbeitet.)

(3) peu (wenig) – moins (weniger) – le moins (am wenigsten):
- Carine peut nous conduire. C'est elle qui a bu le moins. (Carine kann uns fahren. Sie hat am wenigsten getrunken.)

- Beim Vergleich zwischen zwei Sachen oder Personen steht aussi … que (genauso/ebenso … wie):
  - Morgane parle (le) russe aussi couramment que sa mère. (Morgane spricht Russisch genauso/ebenso fließend wie ihre Mutter.) – Vgl. auch **aussi … que**
- Redewendungen:
  - Tant mieux. (Um so besser.)
  - Il vaut mieux faire qc (Es ist besser, etwas zu tun), z. B.: Il vaut mieux partir. (Es ist besser abzureisen.)
  - aimer mieux faire qc (etwas lieber tun), z. B.: J'aime mieux rentrer. (Ich möchte lieber nach Hause gehen.)
  - aller mieux (besser gehen), z. B.: Je vais mieux. (Es geht mir besser.) Il/Elle va mieux. (Es geht ihm/ihr besser.)
  - faire de son mieux (sein Bestes tun), z. B.: Je fais de mon mieux. (Ich tue mein Bestes.) Elle a fait de son mieux. (Sie hat ihr Bestes getan.)

Kurztest ▸ A II, KT 43

subjonctif (Sonderform des présent und passé composé)

Il faut que je m'en aille. (Ich muss jetzt [weg]gehen; wörtl.: Es ist nötig, dass ich mich davonbegebe.)

Ableitung ▸ A I, 1.
Verbformen ▸ A I, 2.

- Gebrauch: Der subjonctif ist eine Sonderform des présent (Präsens/Gegenwart) und des mit dem présent von avoir oder être gebildeten passé composé (Perfekt / zusammengesetzte Vergangenheit). Er wird heute in der Regel automatisch nach bestimmten Verben, Wendungen und Konjunktionen (Nebensatzeinleitung, z. B.: quoique [obgleich, obwohl]) gebraucht, von denen die wichtigsten mit deutschen Übersetzungen im Anhang I, 1.5(7) aufgeführt sind.

- Lernempfehlungen:
  (1) Ableitung des subjonctif ansehen und merken (vgl. A I l., 1.1 bis 1.4).
  (2) Endungen des subjonctif einprägen (vgl. A I, 1.5(7)).
  (3) subjonctif-Formen von avoir und être einprägen (vgl. A I, 2.3 und 2.4).
  (4) nach und nach einzelne Verben, Wendungen und Konjunktionen aneignen, nach denen der subjonctif stehen muss (vgl. A I, 1.5(7)), am besten in der Form eines kleinen selbst gebildeten Satzes, z. B.: Il est bon que tu sois venu(e). (Es ist gut, dass du gekommen bist.) Auch die Beispielsätze in A I, 1.5(7) eignen sich als Merksätze.

Kurztest ▸ A II, KT 44

suivre qn (jdm. [wörtl.: jdn.] folgen)

Gegenwartsformen: je suis (ich folge), tu suis, il/elle suit, nous suivons, vous suivez, ils/elles suivent.
Zeiten ▸ A I, 3 – Verbendungen ▸ A I, 2

Superlativ

- Der Superlativ ist die höchste Steigerungsform
  (a) des Adjektivs (Eigenschaftswort):
  Françoise est la plus grande (de toutes mes amies).

(Françoise ist die größte [von allen meinen Freundinnen].)
(b) des Adverbs (hier: handlungsbeschreibendes Wort): Je marche le plus rapidement (de tous mes amis). (Ich gehe am schnellsten [von allen meinen Freunden]). Vgl. **Steigerung des Adjektivs / des Adverbs**

T

Teilungsartikel (z. B.: du pain / Brot, de la confiture / Marmelade, des pommes / Äpfel).

Au petit déjeuner, je mange des croissants ou du pain avec du beurre et de la confiture. (Zum Frühstück esse ich Hörnchen/Croissants oder Brot mit Butter und Marmelade.)

- Wenn man im Deutschen eine unbestimmte Menge oder Anzahl bezeichnen will, lässt man den Artikel (Geschlechtswort) weg und sagt beispielsweise: Ich brauche Brot, Margarine und Apfelsinen. Im Französischen wirkt bei der Angabe einer unbestimmten Menge oder Anzahl die frühere sprachliche Vorstellung nach, dass man einen Teil von dem Vorhandenen benennen wollte:
  - Il me faut du pain, de la margarine et des oranges. (Ich brauche Brot [wörtl.: von dem Brot], Margarine [wörtl.: von der Margarine] und Apfelsinen [wörtl.: von den Apfelsinen].)
- Der »Teilungsartikel« zur Bezeichnung einer unbestimmten Menge oder Anzahl besteht also aus de (von) + bestimmtem Artikel (le, la, l', oder les). Dabei werden de + le zu du (du vin / Wein) und de + les zu des (des journaux / Zeitungen) zusammengezogen.
  Da vor Hauptwörtern, die mit einem Vokal (Selbstlaut) oder stummem h- beginnen, das e von l(e) und das a von l(a) wegfallen, besteht der Teilungsartikel in solchen Fällen aus de + l': de l'argent (Geld), de l'eau (Wasser), de l'huile (Öl).
  - J'ai acheté du beurre, de l'eau minérale, de la viande et des pêches. (Ich habe Butter, Mineralwasser, Fleisch und Pfirsiche gekauft.)

- Auch nach Präpositionen (z. B.: chez, avec) steht der Teilungsartikel, nicht aber nach de und sans:
  - Nous avons logé chez des amis. (Wir haben bei Freunden gewohnt.)
  - Je bois le café avec du lait. (Ich trinke den Kaffee mit Milch.)

  Aber:
  - Il s'agit de documents importants. (Es handelt sich um wichtige Dokumente.)
  - J'ai acheté un pull sans manches. (Ich habe einen ärmellosen Pulli gekauft; wörtl.: einen Pulli ohne Ärmel.)
- Beachten: Nach aimer (bien) ([gern] mögen) und préférer (vorziehen) (vgl. auch **Verben auf -er mit -é- in der vorletzten Silbe**) steht nicht der Teilungsartikel, sondern der bestimmte Artikel (le, la, les), auch bei der Verneinung:
  - J'aime (bien) le chou-fleur et la salade verte, mais je n'aime pas les haricots verts. (Ich mag Blumenkohl und grünen Salat [gern], aber grüne Bohnen mag ich nicht.)
- Nach Mengenausdrücken (z. B.: beaucoup de / viel, peu de / wenig) steht nur de ohne Artikel:
  - Le patron a beaucoup d'argent mais peu d'amis. (Der Chef hat viel Geld, aber wenig Freunde.)

  Vgl. **Mengenausdrücke**

Kurztest ▸ A II, KT 45

tenir (halten)

Gegenwartsformen: je tiens (ich halte), tu tiens, il/elle tient, nous tenons, vous tenez, ils/elles tiennent.

Zeiten ▸ A I, 3. Verbendungen ▸ A I, 2.

tout, toute, tous, toutes (ganz, alle)

J'ai dormi toute la journée. (Ich habe den ganzen Tag geschlafen.)

- Dem deutschen ganz, alle entsprechen tout, toute, tous, toutes. Die Formen von tout werden, auch in der Mehrzahl, in der Regel mit dem bestimmten Artikel (le, la, les) gebraucht, dem sie (im Gegensatz zum Deutschen) vorausgehen:
  - Tout le stade était plein de monde. (Das ganze Stadion war voll von [voll(er)] Menschen.)
  - Nous avons travaillé toute la nuit. (Wir haben die ganze Nacht gearbeitet.)
  - Le magasin est ouvert tous les jours. (Das Geschäft ist jeden Tag [wörtl.: alle Tage] geöffnet.)
  - Toutes les maisons là-bas vont être démolies. (Alle Häuser da drüben werden abgerissen [werden].)
- Die vier Formen von tout können auch mit Possessivbegleitern (z. B.: mon, ma, mes / mein) oder Demonstrativbegleitern (ce/cet, cette, ces) anstelle des bestimmten Artikels verbunden werden:
  - Tous mes amis sont venus. (Alle meine Freunde sind gekommen.)
  - Toute cette collection de tableaux a été volée. (Diese ganze Gemäldesammlung ist gestohlen worden.)
- tout (alles), tous (Aussprache: /tus/, alle [männlich oder männlich und weiblich]) und toutes (alle, weiblich) können auch, wie ein Hauptwort, alleinstehend gebraucht werden:
  - Tout était calme. (Alles war still.) C'est tout. (Das ist alles.)
  - Tous se sont levés et ont applaudi. (Alle haben sich erhoben und [haben] [Beifall] geklatscht.)

– Tu connais ces jeunes filles? – Bien sûr. Je les connais toutes. (Kennst du diese jungen Mädchen? – Natürlich. Ich kenne sie alle.)

- Beachten:
  – tout le monde bedeutet jeder: Tout le monde était content. (Jeder war zufrieden.)
  – le monde entier bedeutet die ganze Welt: Nos produits sont connus dans le monde entier. (Unsere Produkte sind in der ganzen Welt bekannt.)

Kurztest ▸ A II, KT 46

tout ce qui, tout ce que

▸ **ce qui, ce que**

U

unregelmäßige Verben

- Im Anhang I, Abschnitt 3, sind 30 besonders häufig auftretende unregelmäßige Verben in der Form von Infinitiven (Grundform) mit deutscher Bedeutung und mit »Ableitungsformeln 7« (vgl. A I, 1.) aufgeführt. Von den angegebenen Verbformen ausgehend kann man alle Zeiten dieser Verben bilden.
- Die Verbendungen in den verschiedenen Zeiten kann man den Modellverben in Anhang I, 2. entnehmen.
- Lernempfehlungen:

  (1) Die Vorbemerkung zu den Ableitungsmodellen der regelmäßigen Verben (vgl. A I, 1.) und das erste Ableitungsmodell (parler, vgl. A I, 1.1) durchlesen und sich dadurch die Funktion des »Ableitungsmodells 7« klarmachen.

  (2) Nach und nach einzelne der alphabetisch aufgeführten unregelmäßigen Verben herausgreifen, mit denen man schon ein wenig vertraut ist.

  (3) Die Gegenwartsformen, die im Lernlexikon unter dem jeweiligen Infinitiv (Grundform) angegeben sind, halblaut vor sich hinsprechend einprägen.

  (4) Dann die »Ableitungsformel 7« (vgl. A I, 3.) schrittweise aneignen, indem man zunächst bei jeder angegebenen Zeit (z. B. Futur I / einfache Zukunft) die Verbformen bei den verschiedenen Personen (je …, tu …, il/elle …) mündlich zusammenstellt (beim Modellverb parler im Anhang I, 2. bei der entsprechenden Zeit nachsehen oder überprüfen) und sich abschließend die 7 Ausgangsformen im Zusammenhang einprägt.

  (5) Zur Bildung der Verbformen bei den zusammengesetzten Zeiten auch die Formen von avoir und être wiederholen und einprägen (vgl. A I, 2.3 und 2.4).

V

venir (kommen)

Gegenwartsformen: je viens (ich komme), tu viens, il/elle vient, nous venons, vous venez, ils/elles viennent.
Zeiten ▸ A I, 3. – Verbendungen ▸ A I, 2.

venir de faire qc (gerade/soeben etwas getan haben)

Je viens de la rencontrer dans la rue. (Ich habe sie gerade/soeben auf der Straße getroffen.)

- Mit venir de faire qc kann man ausdrücken, dass ein Vorgang gerade/soeben stattgefunden hat:
  - Elle vient d'appeler. (Sie hat gerade/soeben angerufen; wörtl.: Sie kommt vom Anrufen.)

  Der mit venir de faire qc formulierte Vorgang entspricht der Zeitstufe des Perfekts (zusammengesetzte Vergangenheit: Elle a appelé. / Sie hat angerufen.) ohne die zusätzliche Bedeutung gerade/soeben.

Gegenwartsformen ▸ **venir**
Kurztest ▸ A II, KT 47

Verben auf -ayer, -oyer, -uyer (z. B.: payer / [be]zahlen – nettoyer / putzen, reinigen – s'ennuyer / sich langweilen)

- Im Präsens (Gegenwart) der Verben auf -er werden nur die Endungen -ons und -ez, nicht aber die Endungen -e, -es, -ent ausgesprochen. Bei den Verbformen, deren Endungen nicht ausgesprochen werden, wird das -y- vor der Endung -er in -i- verwandelt, wenn das Verb auf -ayer, -oyer oder -uyer endet. Bei

den Verben auf -ayer kann das -y- auch stehen bleiben:
(1) payer ([be]zahlen): je paie (je paye), tu paies (tu payes), il/elle paie (il/elle paye), nous payons, vous payez, ils/elles paient (payent)
(2) nettoyer (putzen, reinigen): je nettoie, tu nettoies, il/elle nettoie, nous nettoyons, vous nettoyez, ils/elles nettoient
(3) s'ennuyer (sich langweilen): je m'ennuie, tu t'ennuies, il/elle s'ennuie, nous nous ennuyons, vous vous ennuyez, ils/elles s'ennuient

Verben auf -er (z. B.: parler / sprechen)

Ableitungsmodell für die Bildung der Zeiten mit »Ableitungsformel 7« ▸ A I, 1.1
Zeitenübersicht mit allen Verbendungen ▸ A I, 2.1 und 2.2

Verben auf -er mit -e- in der vorletzten Silbe

A. Gruppe acheter (kaufen), **B.** Gruppe appeler ([an]rufen, nennen)

- **A.** Verben mit einem -e- (wie in le) in der vorletzten Silbe verwandeln dieses -e- im Präsens (Gegenwart) in ein offen ausgesprochenes -è- (wie in très/sehr), wenn die Endung nicht ausgesprochen wird, also vor den Endungen -e, -es und -ent, z. B. acheter (kaufen): j'achète, tu achètes, il/elle achète, nous achetons, vous achetez, ils/elles achètent.
  Weitere Verben dieser Gruppe sind: enlever (wegnehmen), geler ((ge)frieren), lever / se lever (heben / sich erheben), mener (führen), amener (mitbringen), emmener (mitnehmen), peser (wiegen, abwägen), se promener (spazieren gehen).

- **B.** Eine andere Gruppe von Verben mit einem -e- (wie in le) in der vorletzten Silbe verwandelt dieses -e- im Präsens (Gegenwart) in der Aussprache in ein offenes -e- (wie in belle, weibliche Form von beau/schön), wenn die Endung nicht ausgesprochen wird, also vor den Endungen -e, -es und -ent. Diese Veränderung in der Aussprache wird in der Schreibung dadurch angezeigt, dass man den letzten Konsonanten (Mitlaut) vor den Verbendungen -e, -es und -ent verdoppelt, z. B. appeler ([an]rufen, nennen): j'appelle, tu appelles, il/elle appelle, nous appelons, vous appelez, ils/elles appellent.
  Weitere Verben dieser Gruppe sind: jeter (werfen), feuilleter (durchblättern), projeter (planen), se rappeler (sich erinnern), renouveler (erneuern).

Verben auf -er mit -é- in der vorletzten Silbe
(z. B.: espérer/hoffen – posséder/besitzen – préférer/vorziehen – répéter/wiederholen)

- Verben mit einem geschlossen ausgesprochenen -é- (wie in été/Sommer) in der vorletzten Silbe verwandeln dieses -é- im Präsens (Gegenwart) in ein offenes -è- (wie très/sehr), wenn die Endung nicht ausgesprochen wird, also vor den Endungen -e, -es und -ent, z. B. répéter (wiederholen): je répète, tu répètes, il/elle répète, nous répétons, vous répétez, ils/elles répètent.

Verben auf -ir (z. B.: réfléchir/nachdenken)

Ableitungsmodell für die Bildung der Zeiten mit »Ableitungsformel 7« ▸ A I, 1.3
Zeitenübersicht mit allen Verbendungen ▸ A I, 2.1 (Modellverb **parler**) und 2.2

Verben auf -re (z. B.: attendre/warten)

Ableitungsmodell für die Bildung der Zeiten mit »Ableitungsformel 7« ▸ A I, 1.2
Zeitenübersicht mit allen Verbendungen ▸ A I, 2.1 (Modellverb **parler**) und 2.2

Vergangenheit (einfache)

▸ **imparfait**

Vergangenheit (zusammengesetzte)

▸ **passé composé**

Verneinung

▸ **ne … jamais** (nie/niemals), **ne … ni … ni** (weder … noch), **ne … pas** (nicht), **ne … pas de** (kein), **ne … pas non plus** (auch nicht), **ne … personne** (niemand), **ne … plus** (nicht mehr), **ne … plus jamais** (nie mehr), **ne … rien** (nichts)

vieux, vieil, vieille (alt)

▸ **Adjektiv** (Sonderformen, Stellung)

vivre (leben)

<u>Gegenwartsformen:</u> je vis (ich lebe), tu vis, il/elle vit, nous vivons, vous vivez, ils/elles vivent.
Zeiten ▸ A I, 3. – Verbendungen ▸ A I, 2.

voir (sehen)

<u>Gegenwartsformen:</u> je vois (ich sehe), tu vois, il/elle voit, nous voyons, vous voyez, ils/elles voient.
Zeiten ▸ A I, 3. – Verbendungen ▸ A I, 2.

Vorvergangenheit

▸ **plus-que-parfait**

vouloir (wollen)

<u>Gegenwartsformen:</u> je veux (ich will), tu veux, il/elle veut, nous voulons, vous voulez, ils/elles veulent.
Zeiten ▸ A I, 3. – Verbendungen ▸ A I, 2.

Y

y (da/dort, dahin/dorthin)

Yvette habite toujours (à) La Rochelle? – Oui, elle y habite toujours. (Wohnt Yvette immer noch in La Rochelle? – Ja, sie wohnt immer noch da.)

- y kann Ergänzungen vertreten, die auf die Fragen Wo? und Wohin? antworten und dementsprechend mit Präpositionen wie à, dans, sur, en verbunden sind:
  - Tu n'habites plus à Brest? – Si, j'y habite toujours. (Wohnst du nicht mehr in Brest? – Doch, ich wohne immer noch da.)
  - Pourquoi est-ce que Frédéric est allé à Lille? – Il y est allé pour des raisons professionnelles. (Warum ist Frédéric nach Lille gegangen? – Er ist aus beruflichen Gründen dahin gegangen.)
  - Tes parents passent toujours leurs vacances en Bretagne? – Mais oui! Ils y vont tous les ans. (Verbringen deine Eltern immer noch ihre Ferien in der Bretagne? – Aber ja! Sie fahren jedes Jahr [wörtl.: alle Jahre] dorthin.)
- Dieser ursprünglich örtliche Gebrauch von y (da/dort, dahin/dorthin) ist dann ganz allgemein auf sachbezogene Ergänzungen mit à, dans, sur, en ausgedehnt worden:
  - Vous vous intéressez à la musique moderne? – Non, je ne m'y intéresse pas du tout. (Interessieren Sie sich für moderne Musik? – Nein, ich interessiere mich überhaupt nicht dafür.)
  - Tu penses encore à notre voyage au Canada? – J'y pense même souvent. (Denkst du noch an unsere Reise nach Kanada? – Ich denke sogar oft daran.)

– On peut compter sur votre service après-vente? – Bien sûr. On peut toujours y compter. (Kann man sich auf Ihren Kundendienst verlassen? – Natürlich. Man kann sich immer darauf verlassen.)
– J'espère bien que tu pourras venir. J'y tiens beaucoup. (Ich hoffe sehr, dass du kommen kannst [wörtl.: wirst kommen können]. Ich lege großen Wert darauf [tenir à qc/qn: Wert auf etwas/jdn. legen].)

• Stellung vor dem Verb:
y steht, wie die obigen Beispiele zeigen, vor der Verbform oder dem Infinitiv (Grundform). Wenn y und en (vgl. Stichwort **en**) in einem Satz zusammen vorkommen, steht y vor en:
– Est-ce qu'il y a encore assez de provisions? – Oui, il y en a encore assez. (Sind noch genug Vorräte da [wörtl.: Hat es dort noch genug Vorräte]? – Ja, es sind noch genug [davon] da.) – Vgl. auch **Personalpronomen: me, te, ... (unbetont)**, **3.** (Reihenfolge ...)

• Beachten: Ergänzungen mit à, en, sur können nicht durch y ersetzt werden, wenn sie sich auf Personen beziehen. In diesem Fall wird das betonte Personalpronomen verwendet (vgl. **Personalpronomen: moi, toi, ... (betont)**):
– Tu penses toujours à Christophe? – Bien sûr, je pense souvent à lui. (Denkst du immer noch an Christophe? – Natürlich, ich denke oft an ihn.)
– On peut compter sur tes amis? – Absolument! On peut toujours compter sur eux. (Kann man sich auf deine Freunde verlassen? – Aber sicher! [wörtl.: Absolut!] Man kann sich immer auf sie verlassen.)

• Redewendungen mit »y«:
– Ça y est. (Das wär's. / Das wär[e] geschafft.)

- Vas-y! (Also los! / Auf geht's! / Fang an!)
- Allez-y! (Also los! / Auf geht's! / Fangt an! [Fangen Sie an!])
- Je n'y suis pour rien. (Ich habe nichts damit zu tun.)
- Je n'y peux rien. (Ich kann nichts dafür.)
- Je m'y connais (bien). (Ich kenne mich [gut] damit [darin] aus.) – Elle ne s'y connaît pas (du tout). (Sie kennt sich [überhaupt] nicht damit [darin] aus.) (Andere Verbformen ▸ **connaître**)
- Je n'y comprends plus rien. (Ich verstehe überhaupt nichts mehr.)

Kurztest ▸ A II, KT 48

Z

Zeiten der Verben

▸ A I, 1., 2., 3.

Zukunft (einfache)

▸ **futur simple**

Zukunft (zusammengesetzte)

▸ **futur antérieur**

Anhang I

Übersicht über das Verbsystem

Inhaltsübersicht

1. Ableitungsmodelle der Zeiten bei den regelmäßigen und reflexiven Verben, jeweils mit »Ableitungsformel 7« und sprachlichen Erläuterungen
   1.1 Verben auf -er: parler (sprechen)
   1.2 Verben auf -re: attendre (warten)
   1.3 Verben auf -ir: réfléchir (nachdenken)
   1.4 Reflexive Verben: se reposer (sich ausruhen)
   1.5 Sprachliche Erläuterungen

2. Übersicht über die Zeiten mit jeweils allen Formen des Beispielverbs sowie der Hilfsverben avoir und être – Zeitenkurzübersichten: reflexives Verb und Passiv – Übersicht über die Formen des »passé simple«
   2.1 parler (sprechen)
   2.2 Zusammengesetzte Zeiten der mit être (sein) verbundenen Verben: arriver (ankommen)
   2.3 avoir (haben)
   2.4 être (sein)
   2.5 Reflexive Verben
   2.6 Passiv
   2.7 Übersicht über die Formen des »passé simple«

3. Die wichtigsten unregelmäßigen Verben alphabetisch, jeweils als »Ableitungsformel 7«

1. Ableitungsmodelle der Zeiten bei den regelmäßigen und reflexiven Verben, jeweils mit »Ableitungsformel 7« und sprachlichen Erläuterungen

Bei den regelmäßigen Verben stellen Infinitiv (Grundform) und présent (Präsens/Gegenwart) die Ausgangsformen zur Bildung der verschiedenen Zeiten bereit. Wenn man also Infinitiv und présent eines regelmäßigen Verbs, dazu (für die Bildung der zusammengesetzten Zeiten) die einfachen Formen der Hilfsverben avoir (haben) und être (sein) kennt, kann man alle Zeiten davon ableiten.

Die jeweils hinter den abgeleiteten Verbformen in Klammern stehenden Ziffern beziehen sich auf die in Abschnitt 1.5 zusammengestellten sprachlichen Erläuterungen dazu.

Die wichtigsten Verbformen jedes Ableitungsmodells sind fett gedruckt und werden abschließend noch einmal in der Form einer Ableitungsformel 7 zusammengefasst, »7« deshalb, weil es sich um insgesamt sieben Verbformen handelt.

1.1 Verben auf -er: parler (sprechen)

je parle	→	**je parlerai** (ich werde sprechen), futur simple 1.5 (1a)
	→	je parlerais (ich würde sprechen), conditionnel présent 1.5 (1b)
tu parles	→	parle! (sprich!), impératif 1.5 (2)
il parle		
nous parlons	→	**je parlais** (ich sprach), imparfait 1.5 (3)

	→ parlons! (sprechen wir!), impératif 1.5 (4)
	→ en parlant (beim Sprechen), gérondif 1.5 (5)
vous parlez	→ parlez! (sprecht! sprechen Sie!), impératif 1.5 (6)
ils parlent	→ **que je parle** (dass ich spreche), subjonctif 1.5 (7)
parler	→ **j'ai parlé** (ich habe gesprochen, ich sprach), passé composé 1.5 (8)

Ableitungsformel 7 (vgl. die fett gedruckten Verbformen): je parle / je parlerai, nous parlons / je parlais, ils parlent / que je parle, j'ai parlé

1.2 Verben auf -re: attendre (warten)

j'attends	→ **j'attendrai** (ich werde warten), futur simple 1.5 (1a)
	→ j'attendrais (ich würde warten), conditionnel présent 1.5 (1b)
tu attends	→ attends! (warte!), impératif 1.5 (2)
il attend	
nous attendons	→ **j'attendais** (ich wartete), imparfait 1.5 (3)
	→ attendons! (warten wir!), impératif 1.5 (4)
	→ en attendant (beim Warten), gérondif 1.5 (5)
vous attendez	→ attendez! (wartet! warten Sie!), impératif 1.5 (6)
ils attendent	→ **que j'attende** (dass ich warte), subjonctif 1.5 (7)
attendre	→ **j'ai attendu** (ich habe gewartet, ich wartete), passé composé 1.5 (8)

Ableitungsformel 7 (vgl. die fett gedruckten Verbformen): j'attends / j'attendrai, nous attendons / j'attendais, ils attendent / que j'attende, j'ai attendu

1.3 Verben auf -ir: réfléchir (nachdenken)

je réfléchis	→	**je réfléchirai** (ich werde nachdenken), futur simple 1.5 (1a)
	→	je réfléchirais (ich würde nachdenken), conditionnel présent 1.5 (1b)
tu réfléchis	→	réfléchis! (denk nach!), impératif 1.5 (2)
il réfléchit		
nous réfléchissons	→	**je réfléchissais** (ich dachte nach), imparfait 1.5 (3)
	→	réfléchissons! (denken wir nach!), impératif 1.5 (4)
	→	en réfléchissant (beim Nachdenken), gérondif 1.5 (5)
vous réfléchissez	→	réfléchissez (denkt nach! denken Sie nach!), impératif 1.5 (6)
ils réfléchissent	→	**que je réfléchisse** (dass ich nachdenke), subjonctif 1.5 (7)
réfléchir	→	**j'ai réfléchi** (ich habe nachgedacht, ich dachte nach), passé composé 1.5 (8)

Ableitungsformel 7 (vgl. die fett gedruckten Verbformen): je réfléchis / je réfléchirai, nous réfléchissons / je réfléchissais, ils réfléchissent / que je réfléchisse, j'ai réfléchi

1.4 Reflexive Verben: se reposer (sich ausruhen)

je me repose	→	**je me reposerai** (ich werde mich ausruhen), futur simple 1.5 (1a)
	→	je me reposerais (ich würde mich ausruhen), conditionnel présent 1.5 (1b)
tu te reposes	→	repose-toi! (ruh dich aus!), impératif 1.5 (2)
il se repose		
nous nous reposons	→	**je me reposais** (ich ruhte mich aus), imparfait 1.5 (3)
	→	reposons-nous! (ruhen wir uns aus), impératif 1.5 (4)
	→	en se reposant (beim Ausruhen), gérondif 1.5 (5)
vous vous reposez	→	reposez-vous! (ruht euch aus! ruhen Sie sich aus), impératif 1.5 (6)
ils se reposent	→	**que je me repose** (dass ich mich ausruhe), subjonctif 1.5 (7)
se reposer	→	**je me suis reposé(e)** (ich habe mich ausgeruht), passé composé 1.5 (8)

Ableitungsformel 7 (vgl. die fett gedruckten Verbformen): je me repose / je me reposerai, nous nous reposons / je me reposais, ils se reposent / que je me repose, je me suis reposé(e)

1.5 Sprachliche Erläuterungen

(1a) futur simple (Futur I / einfache Zukunft)

Die Endungen des futur simple sind: -rai, -ras, -ra, -rons, -rez, -ront. Neben der hier aufgeführten einfachen Zukunft gibt es die zusammengesetzte Zukunft aller faire qc (▸ **aller faire qc** im Lexikon). Beide Ausdrucksformen der Zukunft sind meist austauschbar. Die einfache Zukunft wird aber oft bei ferner liegenden, die zusammengesetzte Zukunft bei näher liegenden zukünftigen Handlungen und Vorgängen bevorzugt. Im Allgemeinen ist das Französische bei der Verwendung der Zukunft genauer als das Deutsche und setzt eine Form des Futurs auch dort ein, wo im Deutschen für zukünftiges Geschehen das Präsens (Gegenwart) gebraucht wird: Je vais t'aider tout de suite. (Ich helfe dir gleich.) Je te le dirai demain. (Ich sage es dir morgen.)

(1b) conditionnel présent (Konditional I / Bedingungsform I)

Die Endungen des conditionnel présent sind: -rais, -rais, -rait, -rions, -riez, -raient. Der Konditionalsatz wird mit si (wenn) eingeleitet, wobei das i von si vor il(s) wegfällt: s'il(s). Im Gegensatz zum Deutschen steht im Konditionalsatz (Bedingungssatz) mit si kein(!) Konditional.

- Es gibt drei Grundtypen von Konditionalsätzen:
  1. S'il vient, je lui dirai la vérité (möglich). (Wenn er kommt, werde ich ihm die Wahrheit sagen / sage ich ihm die Wahrheit.)
  2. (a) S'il venait, je lui dirais la vérité (unwahrscheinlich, aber möglich). (Wenn er käme, würde ich ihm die Wahrheit sagen.)

(b) Si j'étais à ta place, je lui dirais la vérité (unmöglich). (Wenn ich an deiner Stelle wäre, würde ich ihm die Wahrheit sagen.)

3. S'il était venu, je lui aurais dit la vérité (unmöglich). (Wenn er gekommen wäre, hätte ich ihm die Wahrheit gesagt [wörtl.: würde ich … gesagt haben].)

(2) impératif (Imperativ/Befehlsform, Einzahl)

Die Verbform der 2. Person Einzahl wird im Allgemeinen (ohne das dazugehörige Personalpronomen) so übernommen, wie sie ist. Dabei ist indessen Folgendes zu beachten:

– Bei den auf -er endenden Verben fällt das s der Endung -es weg (tu parles / parle!). Folgt jedoch en (davon) oder y (daran, dahin), bleibt die volle Endung -es wegen der Bindung erhalten: parles-en! (sprich davon!), penses-y! (denk[e] daran!)
– Bei den reflexiven Verben wird das Reflexivpronomen (rückbezügliches Fürwort) mit Bindestrich nachgestellt. Dabei wird das unbetonte te durch das betonte toi ersetzt.

(3) imparfait (Imperfekt / einfache Vergangenheit)

Das imparfait hat die Endungen: -ais, -ais, -ait, -ions, -iez, -aient. Es wird bei Handlungen und Vorgängen gebraucht, die als nicht abgeschlossen betrachtet werden (Hilfsfrage: Was war?).

(4) impératif (Imperativ/Befehlsform, Mehrzahl – Selbstaufforderung)

Die entsprechende Verbform wird (ohne das dazugehörige Personalpronomen) so übernommen, wie sie ist. Bei den reflexiven Verben wird das Reflexivpronomen (rückbezügliche Fürwort) mit Bindestrich nachgestellt.

(5) gérondif (Gerundium)

Das gérondif setzt sich aus en und der mit -ant gebildeten Verbform (Partizip Präsens) zusammen. Bei reflexiven Verben bleibt das begleitende Reflexivpronomen (me, te, se, nous, vous, se) vor der Verbform auf -ant stehen: Je lis en me reposant. / Tu lis en te reposant. / … (Ich lese, während ich mich ausruhe. / Du liest, während du dich ausruhst. / …)

- Das gérondif steht vor allem zum Ausdruck (a) der Gleichzeitigkeit (während …) und (b) der Art und Weise (Wie?: indem / dadurch dass …), wenn das gleiche Subjekt (Wer?) beide Handlungen ausführt:
  (a) Nous regardions la télé(vision) en nous reposant. (Wir sahen fern, während wir uns ausruhten / und ruhten uns dabei aus / beim Ausruhen.)
  (b) En lisant les petites annonces régulièrement, elle a enfin trouvé un emploi. (Dadurch dass sie / Indem sie regelmäßig die Kleinanzeigen gelesen hat, hat sie endlich eine Stelle / einen Arbeitsplatz gefunden.)

(6) impératif (Imperativ/Befehlsform, Mehrzahl – Anrede)

Die Verbform der 2. Person Mehrzahl wird (ohne das dazugehörige Personalpronomen) so übernommen, wie sie ist. Bei den reflexiven Verben wird das Reflexivpronomen (rückbezügliches Fürwort) mit Bindestrich nachgestellt.

(7) subjonctif (Sonderform)

Der »subjonctif« ist eine Sonderform des présent und des mit dem présent von avoir oder être gebildeten passé composé und hat die Endungen: -e, -es, -e, -ions, -iez, -ent. Er tritt in der Regel in Nebensätzen auf, die mit que (dass) beginnen, und wird meist automatisch nach bestimmten Verben und Ausdrücken gebraucht, besonders nach solchen, die folgenden Bereichen zugehören:

(a) Willensäußerung, z. B. vouloir (wollen), préférer (vorziehen), aimer mieux (lieber wollen), demander (verlangen), permettre (erlauben): Je veux que vous parliez avec lui. (Ich will, dass ihr mit ihm sprecht / Sie mit ihm sprechen.)

(b) Notwendigkeit und Einschätzung, z. B. il faut que je, tu … (ich muss, du musst … / es ist nötig, dass …), il est nécessaire (es ist nötig/notwendig), il vaut mieux (es ist besser), il est bon (es ist gut), il est temps (es ist Zeit): Il faut que tu attendes. (Du musst warten.)

(c) Zweifel und Möglichkeit, z. B. douter (bezweifeln / daran zweifeln), supposons que (nehmen wir (einmal) an / gesetzt den Fall, dass), il est possible (es ist möglich), il est impossible (es ist unmöglich), il est improbable (es ist unwahrscheinlich): Il est possible qu'elle ait fait cela. (Es ist möglich, dass sie das getan hat.)

(d) persönliches Empfinden, z. B. se réjouir / être content, contente (sich darüber freuen), être heureux, heureuse (glücklich sein), être triste (traurig sein), être étonné, étonnée (erstaunt sein), avoir peur (Angst haben), regretter (bedauern), il est dommage (es ist schade): Je suis content (contente) que tu sois venu (venue). (Ich freue mich, dass du gekommen bist.)

(e) nach einigen Konjunktionen (Bindewörtern), z. B. pour que / afin que (damit), quoique / bien que (obgleich, obwohl), avant que (bevor), jusqu'à ce que (bis): Il vaut mieux partir tout de suite pour que vous arriviez à l'heure. (Es ist besser, sofort aufzubrechen, damit ihr pünktlich ankommt.)

Vgl. auch Stichwort **subjonctif** im Lexikon

(8) passé composé (Perfekt / zusammengesetzte Vergangenheit)

Das passé composé wird bei den meisten Verben mit dem présent (Präsens/Gegenwart) von avoir (haben) und dem Partizip Perfekt (z. B. parlé/gesprochen) gebildet.

- Eine kleine Verbgruppe bildet das passé composé und die anderen zusammengesetzten Zeiten jedoch mit être (sein), so vor allem:
  aller/venir (gehen, fahren / kommen), arriver/partir (ankommen / weggehen, wegfahren, abreisen), entrer/sortir (eintreten/hinausgehen), monter/descendre (hinaufgehen, einsteigen / hinuntergehen, aussteigen), rentrer/retourner (nach Hause gehen, nach Hause kommen / zurückkehren), tomber (fallen), rester (bleiben): Je suis allé(e). (Ich bin gegangen.)
  Auch reflexive (rückbezügliche) Verben bilden das Perfekt und die anderen zusammengesetzten Zeiten mit être: Je me suis levé(e) de bonne heure. (Ich bin früh aufgestanden.)

Anwendung: Das passé composé wird bei Handlungen und Vorgängen gebraucht, die als abgeschlossen betrachtet werden (Hilfsfrage: Was geschah?) – Im Deutschen entspricht dem passé composé in Erzählzusammenhängen oft das imparfait (Imperfekt / einfache Vergangenheit): …, a dit son ami. (…, sagte sein Freund, statt wörtl.: …, hat sein Freund gesagt.)

2. Übersicht über die Zeiten mit jeweils allen Formen des Beispielverbs sowie der Hilfsverben »avoir« und »être« – Zeitenkurzübersichten: reflexives Verb und Passiv – Übersicht über die Formen des »passé simple«

2.1 parler (sprechen)

présent (Präsens/Gegenwart)
je parle (ich spreche)
tu parles
il/elle parle
nous parlons
vous parlez
ils/elles parlent

subjonctif présent (Sonderform Präsens/Gegenwart)
z. B. il faut … (es ist nötig …)
que je parle (dass ich spreche)
que tu parles
qu'il/elle parle
que nous parlions
que vous parliez
qu'ils/elles parlent

imparfait (Imperfekt / einfache Vergangenheit)
je parlais (ich sprach)
tu parlais
il/elle parlait
nous parlions
vous parliez
ils/elles parlaient

futur simple (Futur I / einfache Zukunft)

je parlerai (ich werde sprechen)
tu parleras
il/elle parlera
nous parlerons
vous parlerez
ils/elles parleront

conditionnel présent (Konditional I / einfache Bedingungsform)

je parlerais (ich würde sprechen)
tu parlerais
il/elle parlerait
nous parlerions
vous parleriez
ils/elles parleraient

passé composé (Perfekt / zusammengesetzte Vergangenheit)

j'ai parlé (ich habe gesprochen, ich sprach)
tu as parlé
il/elle a parlé
nous avons parlé
vous avez parlé
ils/elles ont parlé

subjonctif passé (Sonderform Perfekt / zusammengesetzte Vergangenheit)

z. B. il est bon (es ist gut)
que j'aie parlé (dass ich gesprochen habe)
que tu aies parlé
qu'il/elle ait parlé
que nous ayons parlé
que vous ayez parlé
qu'ils/elles aient parlé

plus-que-parfait (Plusquamperfekt/Vorvergangenheit)

j'avais parlé (ich hatte gesprochen)
tu avais parlé
il/elle avait parlé
nous avions parlé
vous aviez parlé
ils/elles avaient parlé

futur antérieur (Futur II / zusammengesetzte Zukunft)

j'aurai parlé (ich werde gesprochen haben)
tu auras parlé
il/elle aura parlé
nous aurons parlé
vous aurez parlé
ils/elles auront parlé

conditionnel passé (Konditional II / zusammengesetzte Bedingungsform)

j'aurais parlé (ich würde gesprochen haben / ich hätte gesprochen)
tu aurais parlé
il/elle aurait parlé
nous aurions parlé
vous auriez parlé
ils/elles auraient parlé

2.2 Zusammengesetzte Zeiten der mit être (sein) verbundenen Verben (vgl. 1.5(8)): arriver (ankommen)

passé composé (Perfekt / zusammengesetzte Vergangenheit)

je suis arrivé(e) (ich bin angekommen / ich kam an)
tu es arrivé(e)

il/elle est arrivé(e)
nous sommes arrivé(e)s
vous êtes arrivé(e, s, es)
ils/elles sont arrivé(e)s

subjonctif passé (Sonderform Perfekt / zusammengesetzte Vergangenheit)

z. B.: il est bon … (es ist gut …)
que je sois arrivé(e) (dass ich angekommen bin)
que tu sois arrivé(e)
qu'il/elle soit arrivé(e)
que nous soyons arrivé(e)s
que vous soyez arrivé(e, s, es)
qu'ils/elles soient arrivé(e)s

plus-que-parfait (Plusquamperfekt/Vorvergangenheit)

j'étais arrivé(e) (ich war angekommen)
tu étais arrivé(e)
il/elle était arrivé(e)
nous étions arrivé(e)s
vous étiez arrivé(e, s, es)
ils/elles étaient arrivé(e)s

futur antérieur (Futur II / zusammengesetzte Zukunft)

je serai arrivé(e) (ich werde angekommen sein)
tu seras arrivé(e)
il/elle sera arrivé(e)
nous serons arrivé(e)s
vous serez arrivé(e, s, es)
ils/elles seront arrivé(e)s

conditionnel passé (Konditional II / zusammengesetzte Bedingungsform)

je serais arrivé(e) (ich würde angekommen sein / ich wäre angekommen)

tu serais arrivé(e)
il/elle serait arrivé(e)
nous serions arrivé(e)s
vous seriez arrivé(e, s, es)
ils/elles seraient arrivé(e)s

2.3 <u>avoir</u> (haben)

<u>présent (Präsens/Gegenwart)</u>
j'ai (ich habe)
tu as
il/elle a
nous avons
vous avez
ils/elles ont

<u>subjonctif présent (Sonderform Präsens/Gegenwart)</u>
z. B. il est possible … (es ist möglich …)
que j'aie (dass ich habe)
que tu aies
qu'il/elle ait
que nous ayons
que vous ayez
qu'ils/elles aient

<u>imparfait (Imperfekt / einfache Vergangenheit)</u>
j'avais (ich hatte)
tu avais
il/elle avait
nous avions
vous aviez
ils/elles avaient

<u>futur simple (Futur I / einfache Zukunft)</u>

j'aurai (ich werde haben)
tu auras
il/elle aura
nous aurons
vous aurez
ils/elles auront

<u>conditionnel présent (Konditional I / einfache Bedingungsform)</u>

j'aurais (ich würde haben / ich hätte)
tu aurais
il/elle aurait
nous aurions
vous auriez
ils/elles auraient

<u>passé composé (Perfekt / zusammengesetzte Vergangenheit)</u>

j'ai eu (ich habe gehabt)
tu as eu
il/elle a eu
nous avons eu
vous avez eu
ils/elles ont eu

<u>subjonctif passé (Sonderform Perfekt / zusammengesetzte Vergangenheit)</u>

z. B. il est possible … (es ist möglich …)
que j'aie eu (dass ich gehabt habe)
que tu aies eu
qu'il/elle ait eu
que nous ayons eu
que vous ayez eu
qu'ils/elles aient eu

plus-que-parfait (Plusquamperfekt/Vorvergangenheit)
j'avais eu (ich hatte gehabt)
tu avais eu
il/elle avait eu
nous avions eu
vous aviez eu
ils/elles avaient eu

futur antérieur (Futur II / zusammengesetzte Zukunft)
j'aurai eu (ich werde gehabt haben)
tu auras eu
il/elle aura eu
nous aurons eu
vous aurez eu
ils/elles auront eu

conditionnel passé (Konditional II / zusammengesetzte Bedingungsform)
j'aurais eu (ich würde gehabt haben / ich hätte gehabt)
tu aurais eu
il/elle aurait eu
nous aurions eu
vous auriez eu
ils/elles auraient eu

2.4 être (sein)

présent (Präsens/Gegenwart)
je suis (ich bin)
tu es
il/elle est
nous sommes
vous êtes
ils/elles sont

<u>subjonctif présent (Sonderform Präsens/Gegenwart)</u>
z. B. il est possible … (es ist möglich …)
que je sois (dass ich bin)
que tu sois
qu'il/elle soit
que nous soyons
que vous soyez
qu'ils/elles soient

<u>imparfait (Imperfekt / einfache Vergangenheit)</u>
j'étais (ich war)
tu étais
il/elle était
nous étions
vous étiez
ils/elles étaient

<u>futur simple (Futur I / einfache Zukunft)</u>
je serai (ich werde sein)
tu seras
il/elle sera
nous serons
vous serez
ils/elles seront

<u>conditionnel présent (Konditional I / einfache Bedingungsform)</u>
je serais (ich würde sein / ich wäre)
tu serais
il/elle serait
nous serions
vous seriez
ils/elles seraient

passé composé (Perfekt / zusammengesetzte Vergangenheit)

j'ai été (ich bin [wörtl.: habe] gewesen)
tu as été
il/elle a été
nous avons été
vous avez été
ils/elles ont été

subjonctif passé (Perfekt / Sonderform Perfekt)

z. B.: il est possible … (es ist möglich …)
que j'aie été (dass ich gewesen bin; wörtl.: gewesen habe)
que tu aies été
qu'il/elle ait été
que nous ayons été
que vous ayez été
qu'ils/elles aient été

plus-que-parfait (Plusquamperfekt/Vorvergangenheit)

j'avais été (ich war gewesen; wörtl.: hatte gewesen)
tu avais été
il/elle avait été
nous avions été
vous aviez été
ils/elles avaient été

futur antérieur (Futur II / zusammengesetzte Zukunft)

j'aurai été (ich werde gewesen sein; wörtl.: gewesen haben)
tu auras été
il/elle aura été
nous aurons été
vous aurez été
ils/elles auront été

conditionnel passé (Konditional II / zusammengesetzte Bedingungsform)

j'aurais été (ich würde gewesen sein; wörtl.: gewesen haben / ich wäre gewesen)
tu aurais été
il/elle aurait été
nous aurions été
vous auriez été
ils/elles auraient été

2.5 Reflexive Verben (zusammengesetzte Zeiten mit être) / Zeitenkurzübersicht: se reposer (sich ausruhen)

présent (Präsens/Gegenwart)

je me repose (ich ruhe mich aus)
...

subjonctif présent (Präsens / Sonderform Gegenwart)

que je me repose (dass ich mich ausruhe)
...

imparfait (Imperfekt / einfache Vergangenheit)

je me reposais (ich ruhte mich aus)
...

futur simple (Futur I / einfache Zukunft)

je me reposerai (ich werde mich ausruhen)
...

conditionnel présent (Konditional I / einfache Bedingungsform)

je me reposerais (ich würde mich ausruhen)
...

passé composé (Perfekt / zusammengesetzte Vergangenheit)

je me suis reposé(e) (ich habe mich ausgeruht / ich ruhte mich aus)

...

subjonctif passé (Sonderform Perfekt / zusammengesetzte Vergangenheit)

que je me sois reposé(e) (dass ich mich ausgeruht habe)

...

plus-que-parfait (Plusquamperfekt/Vorvergangenheit)

je m'étais reposé(e) (ich hatte mich ausgeruht)

...

futur antérieur (Futur II / zusammengesetzte Zukunft)

je me serai reposé(e) (ich werde mich ausgeruht haben)

...

conditionnel passé (Konditional II / zusammengesetzte Bedingungsform)

je me serais reposé(e) (ich würde mich ausgeruht haben / ich hätte mich ausgeruht)

...

2.6 Passiv (Bildung mit être und Partizip Perfekt) / Zeitenkurzübersicht: être réveillé(e) par qc/qn (von etwas/jdm. geweckt werden)

présent (Präsens/Gegenwart)

je suis réveillé(e) (ich werde geweckt)

...

<u>subjonctif présent (Sonderform Präsens/Gegenwart)</u>
que je sois réveillé(e) (dass ich geweckt werde)
...

<u>imparfait (Imperfekt / einfache Vergangenheit)</u>
j'étais réveillé(e) (ich wurde geweckt)
...

<u>futur simple (Futur I / einfache Zukunft)</u>
je serai réveillé(e) (ich werde geweckt werden)
...

<u>conditionnel présent (Konditional I / einfache Bedingungsform)</u>
je serais réveillé(e) (ich würde geweckt werden)
...

<u>passé composé (Perfekt / zusammengesetzte Vergangenheit)</u>
j'ai été réveillé(e) (ich bin geweckt worden / ich wurde geweckt)
...

<u>subjonctif passé (Sonderform Perfekt / zusammengesetzte Vergangenheit)</u>
que j'aie été réveillé(e) (dass ich geweckt worden bin)
...

<u>plus-que-parfait (Plusquamperfekt/Vorvergangenheit)</u>
j'avais été réveillé(e) (ich war geweckt worden)
...

<u>futur antérieur (Futur II / zusammengesetzte Zukunft)</u>
j'aurai été réveillé(e) (ich werde geweckt worden sein)
...

conditionnel passé (Konditional II / zusammengesetzte Bedingungsform)

j'aurais été réveillé(e) (ich würde geweckt worden sein / ich wäre geweckt worden)

...

2.7 Übersicht über die Formen des »passé simple«: Beispielverben auf -er, -re, -ir, avoir, être, unregelmäßige Verben (vgl. A I, 3.)

2.7.1 Verben auf **-er**: parler (sprechen)

je parlai (ich sprach)
tu parlas
il/elle parla
nous parlâmes
vous parlâtes
ils/elles parlèrent

2.7.2 Verben auf **-re**: attendre (warten)

j'attendis (ich wartete)
tu attendis
il/elle attendit
nous attendîmes
vous attendîtes
ils/elles attendirent

2.7.3 Verben auf **-ir**: réfléchir (nachdenken)

je réfléchis (ich dachte nach)
tu réfléchis
il/elle réfléchit
nous réfléchîmes

vous réfléchîtes
ils/elles réfléchirent

2.7.4 avoir (haben, bekommen)
j'eus (ich hatte, ich bekam)
tu eus
il/elle eut
nous eûmes
vous eûtes
ils/elles eurent

2.7.5 être (sein, werden)
je fus (ich war, ich wurde)
tu fus
il/elle fut
nous fûmes
vous fûtes
ils/elles furent

2.7.6 Unregelmäßige Verben (vgl. A I 3.)
aller (gehen, fahren): j'allai (ich ging, ich fuhr)
boire (trinken): je bus (ich trank)
conduire (fahren): je conduisis (ich fuhr)
connaître (kennen(lernen)): je connus (ich lernte kennen)
courir (laufen): je courus (ich lief)
craindre (fürchten): je craignis (ich fürchtete)
croire (glauben): je crus (ich glaubte)
devoir (müssen): je dus (ich musste)
dire (sagen): je dis (ich sagte)
écrire (schreiben): j'écrivis (ich schrieb)

envoyer (schicken): j'envoyai (ich schickte)
faire (machen, tun): je fis (ich machte, ich tat)
lire (lesen): je lus (ich las)
mettre (legen): je mis (ich legte)
ouvrir (öffnen): j'ouvris (ich öffnete)
partir (abreisen): je partis (ich reiste ab)
se plaindre de qc (sich über etwas beschweren): je me plaignis de qc (ich beschwerte mich über etwas)
se plaire (sich gefallen): je me plus (ich gefiel mir)
pouvoir (können): je pus (ich konnte)
prendre (nehmen): je pris (ich nahm)
recevoir (erhalten): je reçus (ich erhielt)
rire (lachen): je ris (ich lachte)
savoir (wissen, erfahren): je sus (ich wusste, ich erfuhr)
sortir (hinausgehen): je sortis (ich ging hinaus)
suivre qn (jdm. folgen): je suivis qn (ich folgte jdm.)
tenir (halten): je tins (ich hielt)
venir (kommen): je vins (ich kam)
vivre (leben): je vécus (ich lebte)
voir (sehen): je vis (ich sah)
vouloir (wollen): je voulus (ich wollte)

Beachten: Da das passé simple in der Regel nur noch in der Schriftsprache in erzählenden Texten verwendet wird, genügt es, wenn man die Formen beim Lesen von Texten versteht. Man braucht sie also nicht selbst anwenden zu können (vgl. auch **passé simple** im Lexikon).

3. Die wichtigsten unregelmäßigen Verben alphabetisch, jeweils als »Ableitungsformel 7«

Von den zahlreichen unregelmäßigen Verben werden im Folgenden nur die kommunikativ besonders wichtigen aufgeführt. Dabei werden nach dem Infinitiv (Grundform des Verbs) jeweils die Ableitungsformeln 7 (vgl. A 1.) angegeben, von denen aus die Verbformen der verschiedenen Zeiten (vgl. A 2.) gebildet werden können. Innerhalb der einzelnen Ableitungsformeln 7 werden die Ausgangsverbformen in folgender Anordnung aufgeführt (vgl. A 1.):

je (présent/Präsens) / je (futur simple / Futur I), nous (présent/Präsens) / je (imparfait/Imperfekt), ils (présent/Präsens) / que je (subjonctif présent / Sonderform Präsens), je (passé composé / Perfekt). – Zusätzliche Besonderheiten werden in Klammern hinzugefügt.

aller (gehen, fahren)
je vais / j'irai, nous allons / j'allais, ils vont / que j'aille (que nous allions), je suis allé(e)

boire (trinken)
je bois / je boirai, nous buvons / je buvais, ils boivent / que je boive (que nous buvions), j'ai bu

conduire (fahren, z. B. Auto)
je conduis / je conduirai, nous conduisons / je conduisais, ils conduisent / que je conduise, j'ai conduit

connaître (kennen, kennenlernen)
je connais (il connaît) / je connaîtrai, nous connaissons / je connaissais, ils connaissent / que je connaisse, j'ai connu

courir (laufen)
je cours / je courrai, nous courons / je courais, ils courent / que je coure, j'ai couru

craindre (fürchten)
je crains / je craindrai, nous craignons / je craignais, ils craignent / que je craigne, j'ai craint

croire (glauben)
je crois / je croirai, nous croyons / je croyais, ils croient / que je croie (que nous croyions), j'ai cru

devoir (sollen, müssen, schulden, verdanken)
je dois / je devrai, nous devons / je devais, ils doivent / que je doive (que nous devions), j'ai dû

dire (sagen)
je dis / je dirai, nous disons (vous dites) / je disais, ils disent / que je dise, j 'ai dit

écrire (schreiben)
j'écris / j'écrirai, nous écrivons / j'écrivais, ils écrivent / que j'écrive, j'ai écrit

envoyer (schicken)
j'envoie / j'enverrai, nous envoyons / j'envoyais, ils envoient / que j'envoie (que nous envoyions), j'ai envoyé

faire (machen, tun)
je fais / je ferai, nous faisons (vous faites) / je faisais, ils font / que je fasse, j'ai fait

lire (lesen)
je lis / je lirai, nous lisons / je lisais, ils lisent / que je lise, j'ai lu

mettre (setzen, stellen, legen)
je mets / je mettrai, nous mettons / je mettais, ils mettent / que je mette, j'ai mis

ouvrir (öffnen)
j'ouvre / j'ouvrirai, nous ouvrons / j'ouvrais, ils ouvrent / que j'ouvre, j'ai ouvert

partir (weggehen, wegfahren, abreisen)
je pars / je partirai, nous partons / je partais, ils partent / que je parte, je suis parti(e)

se plaindre de qc (sich über etwas beklagen, beschweren)
je me plains / je me plaindrai, nous nous plaignons / je me plaignais, ils se plaignent / que je me plaigne, je me suis plaint/plainte

se plaire (sich gefallen, gern irgendwo sein)
je me plais / je me plairai, nous nous plaisons / je me plaisais, ils se plaisent / que je me plaise, je me suis plu

pouvoir (können)
je peux / je pourrai, nous pouvons / je pouvais, ils peuvent / que je puisse, j'ai pu

prendre (nehmen)
je prends / je prendrai, nous prenons / je prenais, ils prennent / que je prenne (que nous prenions), j'ai pris

recevoir (erhalten, bekommen)
je reçois / je recevrai, nous recevons / je recevais, ils reçoivent / que je reçoive (que nous recevions), j'ai reçu

rire (lachen)
je ris / je rirai, nous rions / je riais, ils rient / que je rie, j'ai ri

savoir (1. wissen, 2. können, im Sinne von: gelernt haben)
je sais / je saurai, nous savons / je savais, ils savent / que je sache, j'ai su

sortir (hinausgehen, ausgehen)
je sors / je sortirai, nous sortons / je sortais, ils sortent / que je sorte, je suis sorti(e)

suivre qn (jdm. [wörtl.: jdn.] folgen)
je suis / je suivrai, nous suivons / je suivais, ils suivent / que je suive, j'ai suivi

tenir (halten)
je tiens / je tiendrai, nous tenons / je tenais, ils tiennent / que je tienne (que nous tenions), j'ai tenu

venir (kommen)
je viens / je viendrai, nous venons / je venais, ils viennent / que je vienne (que nous venions), je suis venu(e)

vivre (leben)
je vis / je vivrai, nous vivons / je vivais, ils vivent / que je vive, j'ai vécu

voir (sehen)
je vois / je verrai, nous voyons / je voyais, ils voient / que je voie (que nous voyions), j'ai vu

vouloir (wollen)
je veux / je voudrai, nous voulons / je voulais, ils veulent / que je veuille (que nous voulions), j'ai voulu

Anhang II

Übersetzungskurztests

Hinweis

Den Sätzen in den Kurztests sind zahlreiche Übersetzungshilfen beigegeben worden, die sicherstellen sollen, (a) dass die Aufmerksamkeit primär auf die jeweils zu überprüfenden sprachlichen Erscheinungen konzentriert werden kann, (b) dass auch weniger Fortgeschrittene die Übersetzungsaufgaben erfolgreich lösen können.

à KT 1

Lösungen ▸ A III, KT 1/L

1. Yvonne ist um 6 Uhr in Marseille angekommen (arriver).
2. Wir wohnen (habiter) in Lannion.
3. Ich versuche immer, pünktlich zu sein.

Adjektiv KT 2

Lösungen ▸ A III, KT 2/L

1. Eine mutige (courageux) alte Frau hat die kleinen Mädchen gerettet (sauver).
2. Ein hübsches junges Mädchen hat mir diese schönen Blumen geschenkt (offert, von »offrir«).
3. Deine jungen englischen (anglais) Freundinnen sind wirklich sehr nett.
4. Ich habe zwei gute Nachrichten für deine alten französischen Freunde.
5. Monique und Chantal haben uns in einem Brief aus der Bretagne (de Bretagne) geschrieben (écrit): Hier gibt es herrliche Landschaften (des paysages …) und wir sind sehr glücklich hier (nous y sommes …).

Adverb KT 3

Lösungen ▸ A III, KT 3/L

1. Der junge Arzt hat die Tür behutsam (doux/douce) geöffnet (ouvert, von »ouvrir«). Dann (Puis) hat er den Kranken (le malade) sorgfältig (soigneux/soigneuse) untersucht (examiner).
2. Normalerweise (Normalement) ist unsere alte Nachbarin (voisine) sehr vorsichtig. Aber gestern hat sie die Straße zu schnell überquert (traverser).

3. Sprechen Sie bitte langsamer. Ich verstehe (comprendre) Sie nicht gut.
4. Die Angestellte (employée) sagte (a dit) höflich: »Sie müssen (Vous devez) das Formular vollständig ausfüllen (remplir le formulaire, complet/complète).
5. Dein Onkel fährt (conduit, von »conduire«) zu langsam, aber deine Tante fährt sehr gut.
6. Gilbert muss (doit, von »devoir«) enorm arbeiten.
7. Ich habe ihn um eine Lohnerhöhung gebeten (lui demander une augmentation), aber er hat (es) glatt abgelehnt.

aider qn KT 4

Lösungen ▸ A III, KT 4/L

1. Lucien wagt nicht, ihm (ihr) zu widersprechen (oser faire qc: wagen, etwas zu tun).
2. Ich glaube ihm nicht.
3. Die Kinder haben ihr nicht zugehört.
4. Ich werde ihnen für den Brief danken.
5. Unser Nachbar (le voisin) ist ihnen gefolgt (mit »avoir«).

aller faire qc KT 5

Lösungen ▸ A III, KT 5/L

1. Wann wirst du abfahren (partir, Frage mit »est-ce que«)? – Ich werde morgen früh abfahren.
2. Ich bin (mal) gespannt (je me demande; wörtl.: ich frage mich), wie deine Mutter reagieren (réagir) wird.
3. Meine Freunde werden ihre (leurs) Ferien in La Rochelle verbringen (passer).

Après avoir fait qc, ... KT 6

Lösungen ▸ A III, KT 6/L

1. Nachdem Bernard die Neuigkeit (la nouvelle) erfahren hatte (appris, von »apprendre«), hat er mir einen langen Brief geschrieben (écrit, von »écrire«).
2. Nachdem M. und Mme Didier nach Hause gekommen waren (rentrer), haben sie die Zeitung gelesen (lu, von »lire«).
3. Nachdem unsere französischen Freunde nach Lyon zurückgekehrt waren (retourner à Lyon), haben sie uns angerufen (donner un coup de téléphone).
4. Nachdem Françoise ihren Hund ausgeführt hatte (promener), hat sie den Tisch gedeckt (mis, von »mettre la table«).

avoir (Redewendungen) KT 7

Lösungen ▸ A III, KT 7/L

1. Du hast recht, Christine.
2. Sie haben unrecht, M. Legrand.
3. Könnten Sie (Pourriez-vous) bitte das Fenster aufmachen? Mir ist warm.
4. Frierst du (mit »est-ce que«)?
5. Jeanne hat Angst vor dem Hund.
6. Ich habe Hunger.
7. Wir haben Durst.
8. Ich werde deine Hilfe (ton aide) brauchen/benötigen.

ce (cet), cette, ces KT 8

Lösungen ▸ A III, KT 8/L

1. Ich hätte gern (Je voudrais) ein Kilo von diesen Kirschen hier (la cerise).

2. Ich nehme (prendre) zwei Flaschen (la bouteille) von diesem Wein hier.
3. Geben Sie das Formular (le formulaire) dieser Angestellten da (une employée).
4. Wem (À qui) gehört dieses Auto hier? – Das ist das Auto von diesem Herrn da.
5. Ich habe diesen Arbeiter da (un ouvrier) gefragt (demander à qn).
6. Ich weiß nicht mehr (savoir, ne … plus) den Namen von diesen Leuten da (les gens).

ce qui, ce que KT 9

Lösungen ▸ A III, KT 8/L

1. Ich möchte gern (J'aimerais bien) alles wissen (savoir), was euch beunruhigt (préoccuper).
2. Weißt du, was die Polizei sucht (mit »est-ce que«)?
3. Sie will (vouloir) mir nicht sagen, was sie vorhat (beabsichtigt zu tun: compter faire qc).
4. Haben Sie gelesen, was passiert ist (arriver, Frage mit »est-ce que«)?
5. Alles, was ich will, ist (c'est), in Frieden zu leben (vivre en paix).

celui-ci/celui-là, celle-ci/celle-là, ceux-ci/ceux-là, celles-ci/celles-là KT 10

Lösungen ▸ A III, KT 10/L

A. 1. Es handelt sich um (Il s'agit de) dieses Foto hier, nicht um das da.

2. Ich kenne (Je connais) diesen Mann hier nicht, aber ich kenne den da.
3. Ich hätte gern (Je voudrais) Äpfel (des pommes), zwei Kilo von denen da.

B. 4. Jacques hat mir seine CDs (le disque) und die seiner Eltern gezeigt.
5. Ich habe seinen Koffer (la valise) und den seiner (von seiner) Großmutter genommen (pris, von »prendre«).
6. Das ist nicht mein Führerschein (le permis [de conduire]); das ist der meiner Schwester.

C. 7. Du willst (Tu veux) ein neues Handy (un nouveau portable) kaufen? – Ja, das, was (welches) Chantal mir empfohlen hat (recommander).
8. Sprichst du von deiner Freundin in England (en Angleterre, Frage mit »est-ce que«)? – Nein, ich spreche von der, die in der Schweiz (en Suisse) wohnt.
9. Kennst du (tu connais) diese Leute da (mit »est-ce que«)? – Natürlich (Bien sûr). Das sind die, deren Auto wir gekauft haben (wovon wir gekauft haben das Auto).

c'est (ce sont) ... qui, c'est (ce sont) ... que **KT 11**

Lösungen ▸ A III, KT 11/L
Die hervorzuhebenden Satzteile sind unterstrichen.

1. <u>In Italien</u> (en Italie) werden wir die Ferien verbringen (aller passer les vacances).
2. <u>Meine Fahrkarte</u> (le ticket) habe ich vergessen (oublier).
3. <u>Unser Lehrer</u> hat uns (nous) das gesagt.
4. <u>Für dich</u> habe ich alles das (tout cela) getan.
5. <u>Meine Eltern</u> haben recht (avoir raison).
6. <u>An unsere Ferien</u> denke ich (penser à qc).
7. <u>Meine Großeltern</u> sprechen russisch (parler [le] russe).

comme KT 12

Lösungen ▸ A III, KT 12/L

Abfolge von Haupt- und Nebensatz so lassen wie vorgegeben.

1. Ich konnte (Je … pouvais) den Pullover (le pull / le pull-over) nicht kaufen, weil ich kein (ne … pas de) Geld bei mir (sur moi) hatte.
2. Da es regnete (pleuvait), haben wir ferngesehen (regarder la télé[vision]).
3. Warum hast du gelogen (menti, von »mentir«, mit »est-ce que«)? – Weil ich Angst hatte (avoir peur).
4. Ich bin nicht ins Konzert gegangen (aller au concert), weil ich keine Zeit hatte (n[e] … pas le temps).
5. Da ich viel (beaucoup de) Arbeit habe, kann ich (je … peux) nicht mit euch (vous) ins Kino gehen (aller au cinéma).

demander à qn KT 13

Lösungen ▸ A III, KT 13/L

1. Ich werde (Je vais …) den Reiseführer (le guide) fragen.
2. Sie hat mich gebeten, ihr (lui) meinen Kugelschreiber (le stylo [à] bille) zu leihen (prêter).
3. Wir haben unsere Nachbarin (notre voisine) gefragt, ob sie uns helfen (aider) könnte (pouvait; wörtl.: konnte).
4. Ich habe einen Passanten (le passant) gefragt, wo das Postamt (le bureau de poste) wäre (se trouvait; wörtl.: sich befand).
5. Du könntest (Tu pourrais) deinen Großvater (le grand-père) um Rat fragen.
6. Paul sollte (devrait) seine Mutter um Verzeihung bitten.

7. Wir haben einen Polizisten (un agent [de police]) nach dem Weg (unserem Weg) gefragt.

en KT 14

Lösungen ▸ A III, KT 14/L

1. Habt ihr von der (über die) Reise gesprochen (mit »est-ce que«)? – Nein, wir haben nicht davon (darüber) gesprochen.
2. Kommst du aus Toulouse (mit »est-ce que«)? – Nein, ich komme nicht daher (von dort).
3. Gibt es noch (il y a encore) Brötchen (des petits pains, Frage mit »est-ce que«)? – Ja, es gibt noch (»encore« ans Satzende) welche (wörtl.: davon).
4. Ich danke Ihnen (vous) für (remercier de) Ihre Hilfe (votre aide), ich danke Ihnen dafür (hier: en).
5. Ich weiß (Je … sais) nichts (ne … rien) davon.
6. Claude ist mir böse. (wörtl.: Claude will mir davon.)
7. Ich brauche nur zehn Minuten. (wörtl.: Ich habe davon für zehn Minuten.)

en faisant qc KT 15

Lösungen ▸ A III, KT 15/L

1. Als ich aus dem Bahnhof kam (sortir de la gare), habe ich meine Eltern sofort (tout de suite) gesehen (vu).
2. Ich versuche (J'essaie, von »essayer«), Unfälle zu vermeiden (d'éviter des accidents), indem ich sehr vorsichtig (prudemment) fahre (conduire).
3. Martine betrachtete die Fotos, während sie auf ihr Mittagessen (le déjeuner) wartete (attendre qc).
4. Er hat Karriere gemacht (faire carrière), indem er hart gearbeitet hat (travailler dur).

5. Wir haben eine Lösung für dieses Problem (une solution à ce problème) gefunden, indem wir lange (longuement) nachgedacht haben (réfléchir).

être **KT 16**

Lösungen ▸ A III, KT 16/L

1. Wir sind den ganzen Tag (toute la journée) gelaufen (marcher).
2. Meine Eltern sind bei Arlette geblieben (rester), weil sie krank geworden ist (tomber malade).
3. Wann sind deine Freunde nach Österreich (en Autriche) zurückgekehrt (retourner, Frage mit »est-ce que«)?
4. Mein Onkel (oncle) ist den zwei Männern gefolgt (suivi, von »suivre qn«).
5. M. Contal ist viel gereist (voyager).
6. Jeanne und ihre Schwester sind rechtzeitig (à temps) angekommen.
7. Die Kinder haben den Raum nicht betreten (entrer dans la pièce).

être (Redewendungen) **KT 17**

Lösungen ▸ A III, KT 17/L

1. Als wir ankamen (nous sommes arrivé[e]s), war (était) Albert gerade dabei fernzusehen (regarder la télé[vision]).
2. Meine Eltern sind nicht (damit) einverstanden.
3. Entschuldigen Sie (Excusez-moi), ich habe es eilig.
4. Mein Großvater (grand-père) war (était) immer pünktlich.
5. Wir sind der Ansicht (Meinung), dass du das Haus nicht verkaufen solltest (devrais, von »devoir«).

6. Ich möchte (will) zu dieser Verabredung (à ce rendez-vous) nicht zu spät kommen.

Fragebildung KT 18

Lösungen ▸ A III, KT 18/L

Von den im Folgenden auf Deutsch angegebenen Fragen bitte jeweils alle drei im Französischen möglichen Frageformulierungen aufführen: 1. Intonationsfrage, 2. »est-ce que«-Frage, 3. Umstellungsfrage.

1. Wo wohnen deine Eltern?
2. Arbeitest du auch in Tours?
3. Gehen (marcher) die Geschäfte (les affaires) gut (bien)?
4. Wem / An wen (À qui) schreibst du?
5. Haben die Ferien schon angefangen?

il faut KT 19

Lösungen ▸ A III, KT 19/L

1. Gérard muss eine Entscheidung treffen (prendre une décision).
2. Wir müssen das Haus verkaufen (vendre).
3. Man muss genug Zeit (assez de temps) haben.
4. M. Durand, Sie müssen hier bleiben (rester).
5. Du wirst viel Geduld (la patience) brauchen.
6. Man brauchte damals (à cette epoque) weniger (moins de) Geld.
7. Ihr braucht einen guten Rechtsanwalt (un avocat).

il y a ... / il y a que ... KT 20

Lösungen ▸ A III, KT 20/L

1. Ich kenne (je connais) die Dabins seit mehr als (plus de) zehn Jahren.

2. Wir haben ihn vor fünf Minuten auf der Straße getroffen (rencontrer qn).
3. Seit zwei Jahren lerne ich Chinesisch (apprendre le chinois).
4. Unsere Nachbarn haben uns vor etwa (environ) zwei Monaten um Rat gefragt (demander conseil à qn).

imparfait KT 21

Lösungen ▸ A III, KT 21/L

1. M. Richard hörte Radio (écouter la radio), während er frühstückte (prendre son petit déjeuner).
2. Ich spielte (gerade) Klavier (jouer du piano), als das Telefon läutete (geläutet hat, sonner).
3. Wir spülten (gerade) das Geschirr (faire la vaisselle), als man einen Schrei hörte (gehört hat, entendre un cri).
4. Die Guilberts arbeiteten im Garten, während ihre (leurs) Kinder fernsahen (regarder la télé[vision]).

impératif KT 22

Lösungen ▸ A III, KT 22/L

1. Folgen Sie (suivre qn) mir.
2. Entschuldigen Sie (excuser qn) (mich) bitte.
3. Erzähl (raconter qc) es mir jetzt nicht. Ruh dich ein wenig aus (se reposer un peu).
4. Machen Sie mir die Freude (faire à qn le plaisir), mit mir zu Mittag zu essen (de déjeuner).
5. Bitte stören Sie mich nicht (déranger qn).

indirekte Rede/Frage KT 23

Lösungen ▸ A III, KT 23/L

Die im Folgenden auf Deutsch aufgeführten Sätze in der direkten Rede/Frage bitte zunächst übersetzen und dann in die indirekte Rede/Frage übertragen.

1. Er hat gesagt: »Ich habe viel Arbeit.«
2. Sie hat geantwortet: »Ich bin einverstanden.« (être d'accord)
3. Er hat gefragt: »Warum wirst du mit dem Zug fahren?« (prendre le train; wörtl.: den Zug nehmen) (Umstellungsfrage, wie im Deutschen)
4. Er hat gesagt: »Wir sind den ganzen Tag gelaufen.« (marcher, mit »avoir« / »toute la journée«)
5. Sie hat gefragt: »Seid ihr pünktlich angekommen?« (arriver à l'heure) (Intonationsfrage, Wortstellung wie im Aussagesatz: »Ihr seid …?«)
5. Seine Eltern haben gesagt: »Daniel wird euch (vous) übermorgen (après-demain) benachrichtigen (informer qn).«

Infinitiv KT 24

Lösungen ▸ A III, KT 24/L

1. Meine Schwester reist (voyager) gern, aber ihr Mann (le mari) zieht es vor (préfère), zu Hause zu bleiben (rester à la maison).
2. Mein Vater hat mir erlaubt (permis, von »permettre«), sein Auto zu nehmen.
3. Ich habe vor, Kochen (faire la cuisine) zu lernen.
4. M. Gallois hat uns vorgeschlagen (proposer), die Unkosten zu teilen (partager les frais).
5. Es ist besser, einen Arzt kommen zu lassen (faire venir un médecin).

6. Suzanne ist die Einzige, die mir von Zeit zu Zeit (de temps en temps) schreibt.
7. Wir haben vergeblich (en vain) versucht, ihn zu überzeugen (le convaincre).

Konditionalsatz KT 25

Lösungen ▸ A III, KT 25/L

1. Wenn Jean-Charles nach Australien auswandert (émigrer en Australie), gehe ich mit ihm (avec lui).
2. Wenn Jean-Charles nach Australien auswandern würde, würde ich mit ihm gehen.
3. Wenn Jean-Charles nach Australien ausgewandert wäre (mit »avoir«), wäre ich mit ihm gegangen.
4. Wenn wir reich (riche) wären, würden wir viel reisen (voyager, mit »avoir«).
5. Wenn wir reich gewesen wären, wären wir viel gereist.
6. Wenn ich Spanisch sprechen könnte (savoir parler [l']espagnol), würde ich das junge Mädchen einladen.
7. Wenn wir Portugiesisch hätten sprechen können (gekonnt hätten Portugiesisch sprechen, savoir parler [le] portugais), hätten wir den jungen Mann eingeladen.
8. Wenn man dir den Führerschein entzieht (retirer le permis [de conduire] à qn), können wir nicht mit dem Auto nach Schweden fahren (aller en Suède en voiture).

Ländernamen KT 26

Lösungen ▸ A III, KT 26/L

1. Wir sind (noch) nie (ne … jamais) in den Vereinigten Staaten gewesen.
2. Die Rollands werden den Sommer (l'été) in ihrem Ferienhaus (la maison de vacances) in Spanien verbringen (passer).

3. Seine Eltern sind nach Kanada ausgewandert (émigrer, mit »avoir«).
4. Unsere russischen Freunde sind nach Moskau (Moscou) zurückgekehrt (retourner).
5. In Argentinien spricht man Spanisch, in Brasilien spricht man Portugiesisch.
6. Spanien ist ein sehr interessantes (intéressant/intéressante) Land.
7. Sandrine ist letzte Woche (la semaine dernière) von Toulouse zurückgekommen (rentrer, mit »être«).

Mengenausdrücke KT 27

Lösungen ▸ A III, KT 27/L

1. Die Kinder machen (hier: donner) mir sehr viel Kummer (le souci).
2. Wir haben viel Glück gehabt.
3. Isabelle hat immer zu viel Arbeit.
4. Denis kennt (connaît, von »connaître«) sehr viele Leute hier.
5. Yves hat mehr Erfahrung (expérience) als du (toi).
6. Catherine hat keine Zeit mehr für mich (moi).
7. Wie viel Wein hast du getrunken (bu, von »boire«)? (Umstellungsfrage, wie im Deutschen)
8. Ich habe drei Gläser Rotwein getrunken.
9. Du hast genauso viel Zeit wie ich (moi).

ne ... pas KT 28

Lösungen ▸ A III, KT 28/L

1. Ich kenne (connais) Mme Guichard noch nicht.
2. Das Bild (le tableau) hat ihm (lui) nicht gefallen (plu, von »plaire«).
3. Wir haben nicht davon (en) gesprochen.

4. Sag (dis) es ihnen (le leur) nicht.
5. Warum ruht sie sich nicht aus (se reposer, Frage mit »est-ce que«)?
6. Jeannine ist nicht dahin (y) gegangen.
7. Sébastien mag (aimer) die moderne Malerei (la peinture) überhaupt nicht.

Objekt KT 29

Lösungen ▸ A III, KT 29/L

1. Früher (Autrefois) lasen viele Großmütter (beaucoup de grands-mères) ihren Enkeln (leurs petits-enfants) noch Märchen (le conte) vor (lire qc à qn).
2. Ich wohne nicht mehr (ne … plus) im Hause meiner Eltern.
3. Wir haben dem Bürgermeister (le maire) einen langen (long/longue) Brief geschrieben (écrit, von »écrire«).
4. Die Macht (le pouvoir) des Präsidenten (le président) ist größer (plus grand) geworden (devenu, von »devenir«).
5. Ich werde unseren Gästen (un invité) das ganze Haus (toute la maison) zeigen.
6. Das Leben (la vie) der Kinder hat sich sehr verändert (changer, »sich« bleibt unübersetzt).
7. Du solltest (devrais, von »devoir«) deinen Eltern die Wahrheit (la vérité) sagen.

Partizip Perfekt KT 30

Lösungen ▸ A III, KT 30/L

1. Caroline hat die Schlüssel (les clés) wiedergefunden (retrouver), die du neulich (l'autre jour) verlegt hast (égarer qc).

2. Hast du schon die zwei CDs (le disque) gekauft (mit »est-ce que«)? – Ja, ich habe sie heute morgen (ce matin) gekauft.
3. Welche der beiden Sängerinnen (la chanteuse) hat den ersten Preis (le prix) gewonnen (gagner)?
4. Nathalie und Gabrielle sind stundenlang (pendant des heures) gelaufen (marcher, mit »avoir«).
5. Haben Sie (Habt ihr) die Karte bekommen (reçu, von »recevoir«), die ich Ihnen (euch) aus Rom (Rome) geschickt habe?
6. Wo sind die Apfelsinen? – Ich habe sie schon in den Keller (la cave) gelegt (mis, von »mettre«).

passé composé KT 31

Lösungen ▸ A III, KT 31/L

1. Ich kam (venir), ich sah (voir), ich siegte (vaincre: je vainquais / j'ai vaincu).
2. René und Denise saßen (gerade) (être assis) im Restaurant und warteten auf (attendre qn) den Kellner (le garçon), als ein Herr am Nachbartisch (à la table voisine) sie ansprach (leur adresser la parole).
3. Anouk öffnete ihr Buch und fing an zu (commencer à) lesen.
4. Jean-Jacques fuhr (rouler) in aller Ruhe (tranquillement) auf der Autobahn (sur l'autoroute). Plötzlich (Tout à coup) bremste (freiner) der Fahrer (l'automobiliste) vor ihm (devant lui) scharf (ab) (brusquement).

Personalpronomen: me, te, … (unbetont) KT 32

Lösungen ▸ A III, KT 32/L

1. Haben Sie meine Freunde gesehen (vu, von »voir«)? – Nein, ich habe sie nicht gesehen.

2. Leider (Malheureusement) kann ich (je … peux) Ihnen nicht helfen (aider qn).
3. Wir wagen (oser faire qc) nicht mehr, sie (Mehrzahl) einzuladen (inviter).
4. Bringen Sie uns (apporter qc) bitte zwei Gläser Rotwein (deux verres de vin rouge).
5. Unsere Hündin (la chienne) hat Junge (le petit). – Könnten Sie (Pourriez-vous) sie uns bitte zeigen?
6. Meine Freunde brauchen (avoir besoin de) heute Nachmittag (cet après-midi) einen (Auto-)Anhänger (la remorque). – Wir haben einen (en avoir une). Wir können (nous pouvons) ihn ihnen leihen (prêter).
7. Erzählen Sie mir (parler à qn de qc) von Ihrem Konzert (le concert).

Personalpronomen: moi, toi, … (betont) KT 33

Lösungen ▸ A III, KT 33/L

1. Ich denke oft an dich (penser à qn).
2. Arlette unterhält sich gern mit ihm (aimer parler avec qn).
3. Wer hat das gesagt (dit, von »dire«)? – Ich.
4. Sie ist weggefahren (partir, mit »être«), aber er (betont) ist zu Hause geblieben (rester à la maison, mit »être«).
5. Fahren deine Eltern dieses Jahr (cette année) in Urlaub (partir en vacances, mit »est-ce que«)? – Sie (betont) fahren nie (ne … jamais) in Urlaub.

Pluralbildung KT 34

Lösungen ▸ A III, KT 34/L

1. die Arme und Beine (la jambe)
2. die Spiele

3. die Zeitungen
4. die Augen
5. die Preise
6. die Bilder
7. die Pferde
8. die Haare
9. die Kinder
10. die Büros
11. die Reifen
12. die Knie
13. die Festspiele
14. die Arbeiten
15. die Juwelen
16. die Verrückten (der Verrückte: le fou)

Possessivbegleiter und Possessivpronomen KT 35

Lösungen ▸ A III, KT 35/L
Bitte alle Fragen mit der Intonationsfrage (C'est …? / Ce sont …?) übersetzen.

1. Ist das dein Foto (la photo)? – Ja, das ist meins.
2. Sind das seine CDs (le disque)? – Nein, das sind nicht seine.
3. Ist das ihr (Einzahl) Zimmer? – Ja, das ist ihres.
4. Sind das eure Zeitungen (les journaux)? – Nein, das sind nicht unsere.
5. Ist das Ihr Auto? – Ja, das ist meins.
6. Sind das eure Koffer (la valise)? – Nein, das sind nicht unsere.
7. Ist das ihr (Mehrzahl) Haus? – Ja, das ist ihres.
8. Sind das ihre (Mehrzahl) Fahrräder (le vélo)? – Nein, das sind nicht ihre.

que? / qu'est-ce que?, qu'est-ce qui? KT 36

Lösungen ▸ A III, KT 36/L
Bitte dort, wo es möglich ist, zwei Lösungsmöglichkeiten angeben.

1. Was sucht (chercher) Yvette?
2. Was ist in der Schachtel (la boîte)?
3. Was willst du (tu veux) ihnen (leur) schreiben (écrire)?
4. Was liegt denn da auf dem Tisch herum (traîner)? (denn da: bleibt unübersetzt)
5. Was erwartet (attendre) die Gefangenen (le prisonnier)?
6. Was halten Sie von (penser de) dieser Sache/Angelegenheit (une affaire)?
7. Was ist das?
8. Was ist ein »prestidigitateur«?

Que ...! KT 37

Lösungen ▸ A III, KT 37/L

1. Wie kalt es heute ist (il fait froid)!
2. Wie ist das so ärgerlich (fâcheux)!
3. Wie groß du geworden bist (grandir: wachsen / groß werden, mit »avoir«)!
4. Wie ruhig (calme) das hier ist!
5. Wie schnell (vite) die Autos (la voiture) fahren (rouler)!

quel?/quelle?, lequel?/laquelle? KT 38

Lösungen ▸ A III, KT 38/L
Bitte quel und lequel verwenden, wie im Deutschen angegeben.

1. Welches Museum (Welches) (le musée) möchtest du (veux-tu) besuchen (visiter)?
2. Welche Schlussfolgerung (Welche) (la conclusion) kann man daraus ziehen (peut-on en tirer)?
3. Welche Formulare (Welche) (le formulaire) hast du ausgefüllt (rempli, von »remplir«, Umstellungsfrage)?
4. Welche Hemden (Welche) (la chemise) habt ihr gekauft (acheter, Umstellungsfrage)?
5. Von welchen Problemen (Von welchen) (le problème) habt ihr gesprochen (parler de qc, Umstellungsfrage)?
6. An welche Möglichkeiten (An welche) (la possibilité) haben Sie gedacht (penser à qc, Umstellungsfrage)?
7. Was für einen Tag haben wir heute?

qui? / qui est-ce qui?, qui est-ce que? KT 39

Lösungen ▸ A III, KT 39/L
Bei Wer? bitte beide Lösungsmöglichkeiten angeben.
1. Wer ist als Erster angekommen (arriver le premier, mit »être«)?
2. Wen hast du gefragt?
3. Wen bewundert Claudine (admirer)?
4. Wer hat recht (avoir raison)?
5. Vor wem hat Germaine Angst (avoir peur de qn, mit »est-ce que«)?
6. Wen habt ihr zufällig getroffen?
7. Wem haben deine Brüder geholfen?
8. Wem hat Yvon das Geld gegeben (mit »est-ce que«)?

Relativpronomen: qui, que, dont KT 40

Lösungen ▸ A III, KT 40/L
1. Wie findest du (trouves-tu) das Bild (le tableau), das Léonie auf dem Flohmarkt (au marché aux puces) gekauft hat (acheter)?

2. Das Haus gegenüber (en face), dessen Besitzer (le propriétaire) gestorben ist (est mort), ist zu verkaufen (à vendre).
3. Wie nennt man (on appelle) eine Frau, die Kranke (des malades) in einem Krankenhaus (dans un hôpital) pflegt (soigner, Frage mit »est-ce que«)?
4. Ich weiß (je sais, von »savoir«) nicht, an wen man sich wenden kann (on peut, s'adresser à qn).
5. Der Nachbar (le voisin), dem du neulich (l'autre jour) geholfen hast (aider qn), hat einen Unfall gehabt (avoir un accident). (Im Französischen sagt man: jemanden helfen, muss also formulieren: …, den du geholfen hast, … – vgl. auch **aider qn**.)
6. Ginette hat mir nicht sagen wollen (n'a pas voulu [gewollt] me dire), bei (chez) wem sie jetzt (maintenant) wohnt.
7. Kricket (Le cricket) ist eine Sportart (un sport), deren Regeln (la règle) ich nicht kenne (je connais, von »connaître«).
8. Ist das der Kranke (le malade), um den es sich handelt (il s'agit de qc/qn, Frage mit »est-ce que«)?

Relativpronomen: lequel, laquelle, lesquels, lesquelles KT 41

Lösungen ▸ A III, 41/L

1. Wie nennt man (on appelle) ein Gerät (un appareil), mit dem man schwere Lasten (de[s] lourdes charges) heben kann (on peut lever, Frage mit »est-ce que«)?
2. Raymond hat uns die Arbeit erklärt (expliquer), für die er verantwortlich ist (être responsable de qc).
3. Lucienne und Denise Robin sind die beiden (deux) Schwestern, in deren Ferienhaus (la maison de vacan-

ces) wir unsere Ferien verbracht haben (passer nos vacances).

4. Ich möchte dich gern meinem Freund vorstellen (Je voudrais bien te presenter à …), mit dessen Hilfe (l'aide) ich mein Projekt (le projet) realisieren konnte (pouvais [von »pouvoir«] réaliser).
5. Da ist (Voilà) das Grundstück (le terrain), für das ich mich interessiere (s'intéresser à qc).

Steigerung des Adjektivs KT 42

Lösungen ▸ A III, KT 42/L

1. Éric, du solltest (tu devrais, von »devoir«) genauso nett zu (gentil avec) unseren Nachbarn (nos voisins) sein wie deine Schwester.
2. Glücklicherweise (Heureusement) ist das Schlimmste nicht eingetreten (arriver, mit »être«).
3. Nadine und Gabrielle sind meine besten Freundinnen.
4. Arnaud ist nicht intelligenter als du (toi).
5. Véronique ist die fleißigste (travailleur/travailleuse) Schülerin von allen.
6. Meine Mutter ist weniger geduldig (patient/patiente) als mein Vater.
7. Die Ausgaben (la dépense) für den Umzug (le déménagement) sind die am wenigsten großen (important/importante) von allen.

Steigerung des Adverbs KT 43

Lösungen ▸ A III, KT 43/L

1. Solange fährt (conduit, von »conduire«) ruhiger (ruhig: tranquillement) als ihr Bruder.
2. Michèle spricht Spanisch (parler [l']espagnol) genauso gut wie ihr Spanischlehrer (le professeur d'espagnol).

3. Pierre-Yves ist am schnellsten (schnell [Adverb]: vite/ rapidement) von allen gelaufen (couru, von »courir«, mit »avoir«).
4. Ich kenne sie (Je la connais, von »connaître«) besser als du (toi).
5. Die Arbeiter (un ouvrier) dieser Firma (de cette entreprise) arbeiten weniger sorgfältig (soigneusement) als die anderen (les autres).
6. Ich habe mein Bestes getan.
7. Was (Ce qui) mich am meisten stört (déranger) ist der Verkehrslärm (c'est le bruit de la circulation).

subjonctif KT 44

Lösungen ▸ A III, KT 44/L

In dem folgenden Kurztest werden die Verben und Wendungen, nach denen der subjonctif stehen muss, vorgegeben, so dass man sich voll auf die Bildung der subjonctif-Formen in den que-Sätzen und nach quoique (obgleich) konzentrieren kann (Informationen in Anhang I, immer unter subjonctif).

1. Ich will (Je veux, von »vouloir«), dass du sofort herunterkommst (descendre tout de suite).
2. Corinne will lieber (aime mieux, von »aimer mieux«), dass wir hier bleiben (rester ici).
3. Du musst Geduld mit ihm haben (Il faut que tu … [Es ist nötig, dass du …], avoir de la patience avec lui).
4. Es ist besser (Il vaut mieux), dass wir schnell handeln (agir rapidement).
5. Ich bezweifle (Je doute, von »douter«), dass Jean-Claude wirklich krank ist (être vraiment malade).
6. Es ist möglich (Il est possible), dass deine Eltern recht haben (avoir raison).

7. Ich freue mich (Je suis content[e], dass ihr gekommen seid (venu[e]s, von »venir«, mit »être«).
8. Es ist schade (Il est dommage), dass Sie nicht Polnisch sprechen (parler [le] polonais).
9. Ich kenne (Je connais, von »connaître«) diese Straße nicht, obgleich (quoique) wir seit fünfzehn Jahren (depuis quinze ans) hier wohnen (habiter).

Teilungsartikel KT 45

Lösungen ▸ A III, KT 45/L

In dem folgenden Kurztest werden die als Übersetzungshilfen beigefügten Hauptwörter mit dem bestimmten Artikel und im Singular angegeben.

1. Auf dem Markt (Au marché) von Trégastel gibt es alles (hier: de tout): Bilder (le tableau), Geschirr (la vaisselle), Teppiche (le tapis), Wäsche (le linge), Hüte (le chapeau), Töpferwaren (la poterie, bleibt Einzahl), Blumen (la fleur), Fleisch (la viande), Schinken (le jambon), Brathähnchen (le poulet rôti), Käse (le fromage), Butter (le beurre), Margarine (la margarine), Marmelade (la confiture), Honig (le miel), Brot (le pain), Öl (l'huile), Früchte (le fruit), …
2. Ich brauche (J'ai besoin de) Zeit und Geld.
3. Es handelt sich um (Il s'agit de) Flüchtlinge (le réfugié), die (qui) ohne Geld und ohne Gepäck (les bagages) hier angekommen sind (arriver, mit »être«).
4. Ich mag Popmusik (la musique pop), aber meine Schwestern ziehen klassische Musik (la musique classique) vor (elles préfèrent, von »préférer«).

tout, toute, tous, toutes KT 46

Lösungen ▸ A III, KT 46/L

1. Im ganzen Land (le pays), in allen Städten (la ville) und in allen Dörfern (le village) läuteten die Glocken (les cloches sonnaient). Alle waren glücklich (heureux).
2. Diese ganze Angelegenheit (une affaire) ist äußerst unangenehm (extrêmement désagréable).
3. Alles ist möglich (possible).

venir de faire qc KT 47

Lösungen ▸ A III, KT 47/L

1. Meine Eltern sind gerade (soeben) abgereist (partir).
2. Was? (Quoi?) Er ist gerade verhaftet worden (être arrêté)?
3. Man (On) hat mich gerade angerufen (m'appeler).
4. Ich bin gerade aufgewacht (me réveiller).
5. Wir sind gerade nach Hause gekommen (rentrer).

y KT 48

Lösungen ▸ A III, KT 48/L

1. Hast du auch in Dijon studiert (faire ses études, mit »est-ce que«)? – Ja, ich habe drei Jahre (pendant trois ans) dort studiert.
2. Sind Sie schon (déjà) in der Schweiz (en Suisse) gewesen (mit »est-ce que«)? – Ja, wir verbringen oft unsere Ferien (passer souvent nos vacances) dort.
3. Interessierst du dich für Popmusik (la musique pop, Tu t'intéresses à …?)? – Ja, ich interessiere mich sehr dafür.
4. Denkst du noch an unser Schuljahr (une année scolai-

re) am (au) Lycée David d'Angers (Tu penses encore à …?)? – Aber ja! Ich denke oft daran.
5. Bitte komm (viens) heute Abend (ce soir). Ich lege großen Wert darauf.
6. Jean-Claude kennt sich gut damit aus.
7. Das wär's. (Das wär[e] geschafft.)

Anhang III

Lösungen zu den Übersetzungskurztests

à KT 1/L

1. Yvonne est arrivée à Marseille à six heures.
2. Nous habitons à Lannion.
3. Je cherche toujours à être à l'heure.

Adjektiv KT 2/L

1. Une vieille femme courageuse a sauvé les petites filles.
2. Une jolie jeune fille m'a offert ces belles fleurs.
3. Tes jeunes amies anglaises sont vraiment très gentilles.
4. J'ai deux bonnes nouvelles pour tes vieux amis français.
5. Monique et Chantal nous ont écrit dans une lettre de Bretagne: Ici il y a des paysages magnifiques, nous y sommes très heureuses.

Adverb KT 3/L

1. Le jeune docteur (médecin) a ouvert la porte doucement. Puis il a examiné le malade soigneusement.
2. Normalement notre vieille voisine est très prudente. Mais hier elle a traversé la rue trop vite (rapidement).
3. Parlez plus lentement, s'il vous plaît. Je ne vous comprends pas bien.
4. L'employée a dit poliment: »Vous devez remplir le formulaire complètement.«
5. Ton oncle conduit trop lentement, mais ta tante conduit très bien.
6. Gilbert doit travailler énormément.
7. Je lui ai demandé une augmentation, mais il a refusé net.

aider qn KT 4/L

1. Lucien n'ose pas le (la) contredire.
2. Je ne le crois pas.
3. Les enfants ne l'ont pas écoutée. (aus »la ont« wird »l'ont«)
4. Je les remercierai de (pour) la lettre. / Je vais les remercier de (pour) la lettre.
5. Notre voisin les a suivis.

Zu 3.: écoutée (zugehört) hat die Endung -e, weil es sich nach dem vorausgehenden direkten Objekt la (l') richtet, vgl. **Partizip Perfekt (Veränderlichkeit)**

Zu 5.: suivis (gefolgt) hat die Endung -s, weil es sich nach dem vorausgehenden direkten Objekt les richtet, vgl. **Partizip Perfekt (Veränderlichkeit)**

aller faire qc KT 5/L

1. Quand est-ce que tu vas partir? – Je vais partir demain matin.
2. Je me demande comment ta mère va réagir.
3. Mes amis vont passer leurs vacances à La Rochelle.

Après avoir fait qc, ... KT 6/L

1. Après avoir appris la nouvelle, Bernard m'a écrit une longue lettre.
2. Après être rentrés, M. et Mme Didier ont lu le journal.
3. Après être retournés à Lyon, nos amis français nous ont donné un coup de téléphone.
4. Après avoir promené son chien, Françoise a mis la table (le couvert).

avoir (Redewendungen) **KT 7/L**

1. Tu as raison, Christine.
2. Vous avez tort, M. Legrand.
3. Pourriez-vous ouvrir la fenêtre, s'il vous plaît? J'ai chaud.
4. Est-ce que tu as froid?
5. Jeanne a peur du chien.
6. J'ai faim.
7. Nous avons soif.
8. J'aurai besoin de ton aide.

ce (cet), cette, ces **KT 8/L**

1. Je voudrais un kilo de ces cerises-ci.
2. Je prends deux bouteilles de ce vin-ci.
3. Donnez le formulaire à cette employée-là.
4. À qui est cette voiture-ci? – C'est la voiture de ce monsieur-là.
5. J'ai demandé à cet ouvrier-là.
6. Je ne sais plus le nom de ces gens-là.

ce qui, ce que **KT 9/L**

1. J'aimerais bien savoir tout ce qui vous préoccupe.
2. Est-ce que tu sais ce que la police cherche?
3. Elle ne veut pas me dire ce qu'elle compte faire.
4. Est-ce que vous avez lu ce qui est arrivé?
5. Tout ce que je veux, c'est vivre en paix.

celui-ci/celui-là, celle-ci/celle-là, ceux-ci/ceux-là, celles-ci/celles-là **KT 10/L**

A. 1. Il s'agit de cette photo-ci, pas de celle-là.
2. Je ne connais pas cet homme-ci, mais je connais celui-là.

3. Je voudrais des pommes, deux kilos de celles-là.

B. 4. Jacques m'a montré ses disques et ceux de ses parents.
5. J'ai pris sa valise et celle de sa grand-mère.
6. Ce n'est pas mon permis (de conduire); c'est celui de ma sœur.

C. 7. Tu veux acheter un nouveau portable? – Oui, celui que Chantal m'a recommandé.
8. Est-ce que tu parles de ton amie en Angleterre? – Non, je parle de celle qui habite en Suisse.
9. Est-ce que tu connais ces gens-là? – Bien sûr. Ce sont ceux dont nous avons acheté la voiture.

c'est (ce sont) ... qui, c'est (ce sont) ... que KT 11/L

1. C'est en Italie que nous allons passer les vacances.
2. C'est mon ticket que j'ai oublié.
3. C'est notre professeur qui nous a dit cela (ça).
4. C'est pour toi que j'ai fait tout cela.
5. Ce sont (C'est) mes parents qui ont raison.
6. C'est à nos vacances que je pense.
7. Ce sont (C'est) mes grands-parents qui parlent (le) russe.

comme KT 12/L

1. Je ne pouvais pas acheter le pull(-over) parce que je n'avais pas d'argent sur moi.
2. Comme il pleuvait, nous avons regardé la télé(vision).
3. Pourquoi est-ce que tu as menti? – Parce que j'avais peur.
4. Je ne suis pas allé(e) au concert parce que je n'avais pas le temps.

5. Comme j'ai beaucoup de travail, je ne peux pas aller au cinéma avec vous.

demander à qn KT 13/L

1. Je vais demander au guide.
2. Elle m'a demandé de lui prêter mon stylo (à) bille.
3. Nous avons demandé à notre voisine si elle pouvait nous aider.
4. J'ai demandé à un passant où se trouvait le bureau de poste.
5. Tu pourrais demander conseil à ton grand-père.
6. Paul devrait demander pardon à sa mère.
7. Nous avons demandé notre chemin à un agent (de police).

en KT 14/L

1. Est-ce que vous avez parlé du voyage? – Non, nous n'en avons pas parlé.
2. Est-ce que tu viens de Toulouse? – Non, je n'en viens pas.
3. Est-ce qu'il y a encore des petits pains? – Oui, il y en a encore.
4. Je vous remercie de votre aide, je vous en remercie.
5. Je n'en sais rien.
6. Claude m'en veut.
7. J'en ai pour dix minutes.

en faisant qc KT 15/L

1. En sortant de la gare, j'ai vu mes parents tout de suite.
2. J'essaie d'éviter des accidents en conduisant très prudemment.

3. Martine regardait les photos en attendant son déjeuner.
4. Il a fait carrière en travaillant dur.
5. Nous avons trouvé une solution à ce problème en réfléchissant longuement.

être KT 16/L

1. Nous avons marché toute la journée.
2. Mes parents sont restés chez Arlette parce qu'elle est tombée malade.
3. Quand est-ce que tes amis sont retournés en Autriche?
4. Mon oncle a suivi les deux hommes.
5. M. Contal a beaucoup voyagé.
6. Jeanne et sa sœur sont arrivées à temps.
7. Les enfants ne sont pas entrés dans la pièce.

être (Redewendungen) KT 17/L

1. Quand nous sommes arrivé(e)s, Albert était en train de regarder la télé(vision).
2. Mes parents ne sont pas d'accord.
3. Excusez-moi, je suis pressé(e).
4. Mon grand-père était toujours à l'heure.
5. Nous sommes d'avis que tu ne devrais pas vendre la maison.
6. Je ne veux pas être en retard à ce rendez-vous.

Fragebildung KT 18/L

1. (a) Tes parents habitent où?
   (b) Où est-ce que tes parents habitent?
   (c) Où habitent tes parents?

2. (a) Tu travailles aussi à Tours?
   (b) Est-ce que tu travailles aussi à Tours?
   (c) Travailles-tu aussi à Tours?
3. (a) Les affaires marchent bien?
   (b) Est-ce que les affaires marchent bien?
   (c) Les affaires marchent-elles bien?
4. (a) Tu écris à qui?
   (b) À qui est-ce que tu écris?
   (c) À qui écris-tu?
5. (a) Les vacances ont déjà commencé?
   (b) Est-ce que les vacances ont déjà commencé?
   (c) Les vacances ont-elles déjà commencé?

il faut KT 19/L

1. Il faut que Gérard prenne une décision.
2. Il faut que nous vendions la maison.
3. Il faut avoir assez de temps.
4. M. Durand, il faut que vous restiez ici.
5. Il te faudra beaucoup de patience.
6. Il fallait moins d'argent à cette époque.
7. Il vous faut un bon avocat.

il y a ... / il y a que ... KT 20/L

1. Il y a plus de dix ans que je connais les Dabin.
2. Nous l'avons rencontré dans la rue il y a cinq minutes.
3. Il y a deux ans que j'apprends le chinois.
4. Nos voisins nous ont demandé conseil il y a environ deux mois.

imparfait KT 21/L

1. M. Richard écoutait la radio pendant qu'il prenait son petit déjeuner.

2. Je jouais du piano quand le téléphone a sonné.
3. Nous faisions la vaisselle quand on a entendu un cri.
4. Les Guilbert travaillaient dans le jardin pendant que leurs enfants regardaient la télé(vision).

impératif KT 22/L

1. Suivez-moi.
2. Excusez-moi, s'il vous plaît.
3. Ne me le raconte pas maintenant. Repose-toi un peu.
4. Faites-moi le plaisir de déjeuner avec moi.
5. Ne me dérangez pas, s'il vous plaît.

indirekte Rede/Frage KT 23/L

1. Il a dit: »J'ai beaucoup de travail.« / Il a dit qu'il avait beaucoup de travail.
2. Elle a répondu: »Je suis d'accord.« / Elle a répondu qu'elle était d'accord.
3. Il a demandé: »Pourquoi prendras-tu le train?« / Il a demandé pourquoi je prendrais le train. Oder: Il a demandé pourquoi il/elle prendrait le train (wenn er eine andere, ebenfalls anwesende Person angesprochen hat).
4. Il a dit: »Nous avons marché toute la journée.« / Il a dit qu'ils avaient marché toute la journée.
5. Elle a demandé: »Vous êtes arrivé(e)s à l'heure?« / Elle a demandé si nous étions arrivé(e)s à l'heure. Oder: Elle a demandé s'ils / si elles étaient arrivé(e)s à l'heure (wenn sie andere, ebenfalls anwesende Personen angesprochen hat).
6. Ses parents ont dit: »Daniel vous informera après-demain.« / Ses parents ont dit que Daniel nous informerait après-demain.

Infinitiv KT 24/L

1. Ma sœur aime voyager, mais son mari préfère rester à la maison.
2. Mon père m'a permis de prendre sa voiture.
3. Je compte apprendre à faire la cuisine.
4. M. Gallois nous a proposé de partager les frais.
5. Il vaut mieux faire venir un médecin.
6. Suzanne est la seule à m'écrire de temps en temps.
7. Nous avons cherché en vain à le convaincre.

Konditionalsatz KT 25/L

1. Si Jean-Charles émigre en Australie, j'irai avec lui.
2. Si Jean-Charles émigrait en Australie, j'irais avec lui.
3. Si Jean-Charles avait émigré en Australie, je serais allé(e) avec lui.
4. Si nous étions riches, nous voyagerions beaucoup.
5. Si nous avions été riches, nous aurions beaucoup voyagé.
6. Si je savais parler (l')espagnol, j'inviterais la jeune fille.
7. Si nous avions su parler (le) portugais, nous aurions invité le jeune homme.
8. Si (l')on te retire le permis (de conduire), nous ne pourrons pas aller en Suède en voiture.

Ländernamen KT 26/L

1. Nous n'avons jamais été aux États-Unis.
2. Les Rolland passeront (vont passer) l'été dans leur maison de vacances en Espagne.
3. Ses parents ont émigré au Canada.
4. Nos amis russes sont retournés à Moscou.

5. En Argentine on parle (l')espagnol, au Brésil on parle (le) portugais.
6. L'Espagne est un pays très intéressant.
7. Sandrine est rentrée de Toulouse la semaine dernière.

Mengenausdrücke KT 27/L

1. Les enfants me donnent bien du souci.
2. Nous avons eu beaucoup de chance.
3. Isabelle a toujours trop de travail.
4. Denis connaît bien des gens ici.
5. Yves a plus d'expérience que toi.
6. Catherine n'a plus de temps pour moi.
7. Combien de vin as-tu bu?
8. J'ai bu trois verres de vin rouge.
9. Tu as autant de temps que moi.

ne ... pas KT 28/L

1. Je ne connais pas encore Mme Guichard.
2. Le tableau ne lui a pas plu.
3. Nous n'en avons pas parlé.
4. Ne le leur dis pas.
5. Pourquoi est-ce qu'elle ne se repose pas?
6. Jeannine n'y est pas allée.
7. Sébastien n'aime pas du tout la peinture moderne.

Objekt KT 29/L

1. Autrefois, beaucoup de grands-mères lisaient encore des contes à leurs petits-enfants.
2. Je n'habite plus dans la maison de mes parents.
3. Nous avons écrit une longue lettre au maire.
4. Le pouvoir du président est devenu plus grand.

5. Je montrerai (Je vais montrer) toute la maison à nos invités.
6. La vie des enfants a beaucoup changé.
7. Tu devrais dire la vérité à tes parents.

Partizip Perfekt KT 30/L

1. Caroline a retrouvé les clés que tu as égarées l'autre jour.
2. Est-ce que tu as déjà acheté les deux disques? – Oui, je les ai achetés ce matin.
3. Laquelle des deux chanteuses a gagné le premier prix?
4. Nathalie et Gabrielle ont marché pendant des heures.
5. Vous avez (Est-ce que vous avez / Avez-vous) reçu la carte que je vous ai envoyée de Rome?
6. Où sont les oranges? – Je les ai déjà mises dans la cave.

passé composé KT 31/L

1. Je suis venu, j'ai vu, j'ai vaincu. (französische Entsprechung eines Ausspruchs von Julius Caesar)
2. René et Denise étaient assis au restaurant et attendaient le garçon quand un monsieur à la table voisine leur a adressé la parole.
3. Anouk a ouvert son livre et a commencé à lire.
4. Jean-Jacques roulait tranquillement sur l'autoroute. Tout à coup, l'automobiliste devant lui a freiné brusquement.

Personalpronomen: me, te ... (unbetont) KT 32/L

1. Vous avez (Est-ce que vous avez / Avez-vous) vu mes amis? – Non, je ne les ai pas vus.

2. Malheureusement je ne peux pas vous aider.
3. Nous n'osons plus les inviter.
4. Apportez-nous deux verres de vin rouge, s'il vous plaît.
5. Notre chienne a des petits. – Pourriez-vous nous les montrer, s'il vous plaît?
6. Mes amis ont besoin d'une remorque cet après-midi. – Nous en avons une. Nous pouvons la leur prêter.
7. Parlez-moi de votre concert.

Personalpronomen: moi, toi, ... (betont) KT 33/L

1. Je pense souvent à toi.
2. Arlette aime parler avec lui.
3. Qui a dit cela (ça)? – Moi.
4. Elle est partie, mais lui est resté à la maison.
5. Est-ce que tes parents partent en vacances cette année? – Eux ne partent jamais en vacances.

Pluralbildung KT 34/L

1. les bras et les jambes
2. les jeux
3. les journaux
4. les yeux
5. les prix
6. les tableaux
7. les chevaux
8. les cheveux
9. les enfants
10. les bureaux
11. les pneus
12. les genoux
13. les festivals

14. les travaux
15. les bijoux
16. les fous

Possessivbegleiter und Possessivpronomen KT 35/L

1. C'est ta photo? – Oui, c'est la mienne.
2. Ce sont ses disques? – Non, ce ne sont pas les siens.
3. C'est sa chambre? – Oui, c'est la sienne.
4. Ce sont vos journaux? – Non, ce ne sont pas les nôtres.
5. C'est votre voiture? – Oui, c'est la mienne.
6. Ce sont vos valises? – Non, ce ne sont pas les nôtres.
7. C'est leur maison? – Oui, c'est la leur.
8. Ce sont leurs vélos? – Non, ce ne sont pas les leurs.

que? / qu'est-ce que?, qu'est-ce qui? KT 36/L

1. (a) Que cherche Yvette?
   (b) Qu'est-ce qu'Yvette cherche?
2. Qu'est-ce qui est dans la boîte?
3. (a) Que veux-tu leur écrire?
   (b) Qu'est-ce que tu veux leur écrire?
4. Qu'est-ce qui traîne sur la table?
5. Qu'est-ce qui attend les prisonniers?
6. (a) Que pensez-vous de cette affaire?
   (b) Qu'est-ce que vous pensez de cette affaire?
7. Qu'est-ce que c'est?
8. (a) Qu'est-ce qu'un »prestidigitateur«?
   (b) Qu'est-ce que c'est qu'un »prestidigitateur« (deutsch: Taschenspieler, Zauberkünstler)?

Que ...! KT 37/L

1. Qu'il (Comme il) fait froid aujourd'hui!
2. Que (Comme) c'est fâcheux!
3. Que (Comme) tu as grandi!
4. Que (Comme) c'est calme ici!
5. Que (Comme) les voitures roulent vite!

quel?/quelle?, lequel?/laquelle? KT 38/L

1. Quel musée (Lequel) veux-tu visiter?
2. Quelle conclusion (Laquelle) peut-on en tirer?
3. Quels formulaires (Lesquels) as-tu remplis?
4. Quelles chemises (Lesquelles) avez-vous achetées?
5. De quels problèmes (Desquels) avez-vous parlé?
6. À quelles possibilités (Auxquelles) avez-vous pensé?
7. Quel jour sommes-nous aujourd'hui?

qui? / qui est-ce qui?, qui est-ce que? KT 39/L

1. Qui (Qui est-ce qui) est arrivé le premier?
2. À qui as-tu demandé?
3. Qui est-ce que Claudine admire?
4. Qui (Qui est-ce qui) a raison?
5. De qui est-ce que Germaine a peur?
6. Qui est-ce que vous avez rencontré par hasard?
7. Qui est-ce que tes frères ont aidé?
8. À qui est-ce qu'Yvon a donné l'argent?

Relativpronomen: qui, que, dont KT 40/L

1. Comment trouves-tu le tableau que Léonie a acheté au marché aux puces?
2. La maison en face dont le propriétaire est mort est à vendre.

3. Comment est-ce qu'on appelle une femme qui soigne des malades dans un hôpital? – (une infirmière / eine Krankenschwester)
4. Je ne sais pas à qui on peut s'adresser.
5. Le voisin que tu as aidé l'autre jour a eu un accident.
6. Ginette n'a pas voulu me dire chez qui elle habite maintenant.
7. Le cricket est un sport dont je ne connais pas les règles.
8. Est-ce que c'est le malade de qui il s'agit?

Relativpronomen: lequel, laquelle, lesquels, lesquelles KT 41/L

1. Comment est-ce qu'on appelle un appareil avec lequel on peut lever de(s) lourdes charges? – (une grue / einen Kran)
2. Raymond nous a expliqué le travail duquel (dont) il est responsable.
3. Lucienne et Denise Robin sont les deux sœurs dans la maison de vacances desquelles nous avons passé nos vacances.
4. Je voudrais bien te présenter à mon ami avec l'aide duquel je pouvais réaliser mon projet.
5. Voilà le terrain auquel je m'intèresse.

Steigerung des Adjektivs KT 42/L

1. Éric, tu devrais être aussi gentil avec nos voisins que ta sœur.
2. Heureusement, le pire n'est pas arrivé.
3. Nadine et Gabrielle sont mes meilleures amies.
4. Arnaud n'est pas plus intelligent que toi.
5. Véronique est l'élève la plus travailleuse de tous (Mädchen und Jungen) / toutes (nur Mädchen).

6. Ma mère est moins patiente que mon père.
7. Les dépenses pour le déménagement sont les moins importantes de toutes.

Steigerung des Adverbs KT 43/L

1. Solange conduit plus tranquillement que son frère.
2. Michèle parle (l')espagnol aussi bien que son professeur d'espagnol.
3. Pierre-Yves a couru le plus vite (le plus rapidement) de tous.
4. Je la connais mieux que toi.
5. Les ouvriers de cette entreprise travaillent moins soigneusement que les autres.
6. J'ai fait de mon mieux.
7. Ce qui me dérange le plus, c'est le bruit de la circulation.

subjonctif KT 44/L

1. Je veux que tu descendes tout de suite.
2. Corinne aime mieux que nous restions ici.
3. Il faut que tu aies de la patience avec lui.
4. Il vaut mieux que nous agissions rapidement.
5. Je doute que Jean-Claude soit vraiment malade.
6. Il est possible que tes parents aient raison.
7. Je suis content(e) que vous soyez venu(e)s.
8. Il est dommage que vous ne parliez pas (le) polonais.
9. Je ne connais pas cette rue quoique nous habitions ici depuis quinze ans.

Teilungsartikel KT 45/L

1. Au marché de Trégastel il y a de tout: des tableaux, de la vaisselle, des tapis, du linge, des chapeaux, de

la poterie, des fleurs, de la viande, du jambon, des poulets rôtis, du fromage, du beurre, de la margarine, de la confiture, du miel, du pain, de l'huile, des fruits, …

2. J'ai besoin de temps et d'argent.
3. Il s'agit de réfugiés qui sont arrivés ici sans argent et sans bagages.
4. J'aime la musique pop, mais mes sœurs préfèrent la musique classique.

tout, toute, tous, toutes KT 46/L

1. Dans tout le pays, dans toutes les villes et dans tous les villages les cloches sonnaient. Tous étaient heureux.
2. Toute cette affaire est extrêmement désagréable.
3. Tout est possible.

venir de faire qc KT 47/L

1. Mes parents viennent de partir.
2. Quoi? Il vient d'être arrêté?
3. On vient de m'appeler.
4. Je viens de me réveiller.
5. Nous venons de rentrer.

y KT 48/L

1. Est-ce que tu as aussi fait tes études à Dijon? – Oui, j'y ai fait mes études pendant trois ans.
2. Est-ce que vous avez déjà été en Suisse? – Oui, nous y passons souvent nos vacances.
3. Tu t'intéresses à la musique pop? – Oui, je m'y intéresse beaucoup.

4. Tu penses encore à notre année scolaire au Lycée David d'Angers? – Mais oui! J'y pense souvent.
5. Viens ce soir, s'il te plaît. J'y tiens beaucoup.
6. Jean-Claude s'y connaît bien.
7. Ça y est.

Raum für Notizen

Raum für Notizen